Encountering Scripture

성서와 만나다

케임브리지 대학 물리학 교수 존 폴킹혼의 성서 읽기

이 도서의 국립중앙도서관 출판예정도서목록(CIP)은
서지정보유통지원시스템 홈페이지(http://seoji.nl.go.kr)와
국가자료공동목록시스템(http://www.nl.go.kr/kolisnet)에서
이용하실 수 있습니다. (CIP제어번호 : 2015011415)

◇◇◇

성서와 만나다

케임브리지 대학 물리학 교수 존 폴킹혼의 성서 읽기

존 폴킹혼 지음 · 손승우 옮김

비아
VIA

• 차례 •

일러두기

역자 주석의 경우 *표시를 해 두었습니다.

"

이 책의 주된 목적은 무엇보다
오늘날 독자들이 성서와 진지하게,
그리고 지적 책임감을 지니고 만날 수 있게끔
돕는 것입니다.

"

서문

그리스도교인으로 살아가는 동안 성서는 제게 매우 중요한 책이었습니다. 60년이 넘도록 저는 매일 성서를 읽었으며, 중년에 성공회 사제로 서품받은 뒤에는 성무일과의 의무까지 지게 되었습니다. 이로 인해 해를 거듭할수록 저는 신약성서 전체에, 그리고 구약성서의 많은 부분에 빠져들었습니다.

여러 면에서, 성서는 복잡한 책입니다. 성서가 다루는 내용은 약 천 년이라는 긴 시간에 걸쳐 기록되었으며, 거의 이천 년 전에 이미 편집 과정도 끝났습니다. 성서를 이루는 기록들은 다양한 문화 속에서 생겨났으며, 그 문화에 담긴 세계관은 근대적이며 과학의 영향을 받은 오늘날 우리의 사고방식과는 많은 부분이 다릅니다. 성서를 기록한 이들은 종종 이전 시대에서 이야기와 생각들을 건네받아 자신들의 시대와 경험에 적합하다고 생각한 방식으로 교정하고 발전시켰습니다. 이러한 과정을 통해 하나의 본문에도 마치 고고학 유적지와 같이 켜켜이 다양한 층이 생기게 되었습니다. 성서를 읽을 때 우리는 많은 부분이 낯설다고 느낍니다. 특히 구약성서에 등장하는 전쟁과 폭력을 다룬 이야기들은, 마치 전쟁과 폭력이 하느님의 분명한 뜻을 성취하는 것처럼 묘사하고 있기 때문에 읽는 이들을 곤혹스럽게 합니다. 그런가 하면 서로 다른 기록자들이 동일한 사건을 다룰 때 세세한 내용에 있어 차이가 나는 경우도 있습니다. 복음서들은 그 주요한 예입니다. 이러한 불일치는 우리 앞에 놓인 이 책이 아무런 오류도 없는, 하늘에서 내려온 소리를 그저 받아쓰기만 한 책이 아니라 인간의 책이라는 것을 명백하게 보여줍니다. 그러나 이러한 문제에도 불구하고, 우리와 대면하게 될 성서의 모든 것이 위대한 진리와 아름다움을 보여줍니다. 헨델의 '메시아'는 가사를 모두 성서에서 끌어다 쓴 합창곡인데, 이 곡을 들어본 사람이라면 누구든 성서를 펼쳤을 때 만나게 될 장엄한 힘과 희망으로 가득 찬 약속을 어렴풋이나마 발견할 것입니다. 더욱이 시대를 막론하고 가장 탁월하고 영향력 있는 인물이자 인류가 엮어 온 종교사에서 가장 중요한 인물인 예수 그리스도에 관해서는, 신약성서 없이 근본적으로 아무것도 알 수 없습니다. 성서는 그리스도교 사상에서 결코 없어서는 안 될 기초요, 원천입니다.

저는 하느님의 섭리와 영적 실재의 본성을 참으로 이해하고자 떠나는 여정 가운데 성서를 신중하고도 사려 깊게 만나고자 하는 이들, 그러나 이 문제를 꼭 학문적으로 철저하게 연구하고 싶지만은 않은 이들에게 도움을 줄 수 있기를 바라면서 이 책을 썼습니다. 그러한 면에서 이 책은 일종의 정찰偵察입니다. 즉 저는 성서의 풍경을 둘러보고자 합니다. 이 책은 한편으로는 우리에게 영감을 주고, 다른 한편으로는 우리를 당혹스럽게도 하는 성서가 지닌 다양한 모습을 진지하게 주목하고 다룰 것입니다. 그러나 성서라는 세계를 이루는 모든 지형에 관해 구체적으로 설명하지는 않을 것입니다. 이 책에서 저는 성서의 영토를 여행할 때 맞닥뜨릴 것 중 몇 가지 전형적인 예를 선별해 보여주는 데 중점을 둘 것입니다. 이 책은 이 여행을 하면서 도움을 얻거나 깨달은 일련의 통찰들을 제공할 것입니다. 명확히 다루고자 하는 부분이 있다면 적절한 인용을 통해 문제를 제기하겠지만, 그 내용에 있어 백과사전 같은 완벽함을 기하지는 않을 것입니다.

성서를 읽을 때 우리는 영감과 정보 모두를 얻으리라 기대해야 합니다. 그리스도교는 역사 속에서 태동한 종교입니다. 그리스도교인들은 그리스도교의 기초를 이루는 이야기들이 그저 우리의 상상력을 자극하기 위한 상징적인 이야기가 아니라 하느님의 자기 계시의 활동 자체에 뿌리를 두고 있으며 특정한 사람, 특정한 사건을 통해 전해졌다고 믿습니다. 따라서 성서가 우리에게 전하는 이야기는 증거로서의 측면을 지니고 있습니다. 성서가 우리에게 증언하는 이야기들이 지닌 역사적 정확도를 평가할 때에는 신중하고 정직해야 합니다.

중년에 신학교에 들어가 학생이 되었을 때, 가장 즐겁게 들은 강의는 성서학 관련 강의들이었습니다. 저는 오랫동안 이론 물리학자로 종사해 왔습니다. 어떠한 영역을 탐구하든지 간에 과학자의 본능은 먼저 '무엇인가가 어떻게 되어 가는지를 참으로 이해할 수 있게 해주는, 탐구의 원동력이 되며 탐구를 통제하는 기초 현상은 무엇인가?'라 묻는 것입니다. 그리스도교 신앙과 관련한 질문들과 이를 연관지어 봅시다. 성서는 이스라엘의 역사, 예수의 삶과 죽음 그리고 부활, 또한 처음 그를 따른 이들의 생각과 경험을 우리에게 설명해줍니다. 이것이 그리스도교 전통의 기초 현상들입니다. 이 책에서 저는 이 현상들을 신중하게,

그리고 지적 면밀함을 가지고 평가하고자 했으며 무의미하고 별다른 학문적 근거도 없는 주장을 하지 않으려 애썼습니다. 또한, 학술적으로 인정할 만한 논거로 주장할 수 있는 것만을 말하기 위해 노력했습니다. 설사 그 논거를 뒷받침하는 구체적 내용을 모두 이 책에 나열하고 있지 않는다 해도 말입니다. 대략적으로만 논거를 보여주는 데 그친 경우도 이따금 있습니다. 이 책은 학술적인 책이기보다는 일반적인 독자에 눈높이를 맞춘 책이기 때문에, 제가 펼치는 주장의 학문적인 신뢰도를 높이기 위해 전문 연구자들이 다루는 세부적인 자료들을 조사해 각주를 달거나 별도의 학술적인 단락을 쓰지 않았습니다. 비슷한 이유로 이 책에서 저는 성서 본문을 기본적으로 이해하는 데 집중했을 뿐 본문에서 발생한 폭넓은 신학 이론들은 설명하지 않았습니다. 신약성서를 다룰 때를 예로 들자면, 역사적 예수와 1세대 그리스도교인들의 삶을 우리가 제대로 알고 있는지를 묻는 데 집중하되 이후 그리스도교 교회에서 형성된 그리스도교 사상의 역사를 다루지는 않았습니다. 그럼에도 신학 이론을 완전히 제거한다는 것은 불가능하므로, 성서에서 나타나는 고대의 통찰들이 오늘날 과학적 이해와 어떻게 관련을 맺을 수 있을지에 대해 이따금 견해를 밝히기도 했습니다. 그러나 이것이 이 책의 주된 책무는 아닙니다. 이 책의 주된 목적은 무엇보다 오늘날 독자들이 성서와 진지하게, 그리고 지적 책임감을 지니고 만날 수 있게끔 돕는 것입니다.

책 뒤에는 학술적으로 심화된 문제를 다루고자 하는 분들을 위해 출처가 확인된 유용한 책들을 선별해 참고 도서 목록을 덧붙여 두었습니다. 모든 성서 인용은 신개정표준역NRSV: New Revised Standard Version을 사용했습니다. 이는 성서를 읽을 때 제가 가장 많이 사용하는 번역본인데 헬라어와 히브리어 원어에 충실하면서도 그 의미를 잘 전달하는 역본이라 판단했기 때문입니다.

"

성서가 오류 없는 문서라는 관념은 부적절한,
일종의 우상숭배입니다.
그러나 성서는 단지 남겨진 골동품에 불과하며
오늘날 이를 진지하게 여길 필요는 없다고
생각하는 것 역시 큰 실수입니다.

"

1.

성서

복음서 기록자를 그린 옛 그림들을 보면, 성령을 상징하는 작은 새가 무엇을 기록할지 기록자의 귀에 속삭이는 모습을 쉽게 찾아볼 수 있습니다. 그 그림은 성서가 하느님의 말씀을 받아 적은 책이고 그 안에 담긴 모든 말이 절대적이며 의심할 여지 없이 진리라는 말을 하고 싶은 것일까요? 저는 그렇게 생각하지 않습니다. 제가 보기에 그 그림들에 담긴 메시지는 좀 더 미묘합니다. 그림에서 하느님이 보편적인 메시지를 하늘에 적어 주신 것이 아니라 더욱 은밀한 방법으로 개인과 공동체에 영감을 주시고 그들을 인도하시듯이, 성서는 하느님에게서 영감을 얻지만 그것을 기록하는 이는 인류입니다. 이 기록은 다음 세대에게 전해져 해석되고 이해될 것입니다. 과학자인 저에게 좀 더 자연스러운 유비를 들자면 성서는 모든 커다란 질문에 관한 정해진 답을 마련해놓은 궁극의 교과서가 아니라, 실험실의 노트와 같습니다. 곧 성서는 중대한 역사적 경험들을 기록한 책입니다. 오늘날까지 하느님의 뜻과 본성은 성서를 통해 가장 명확히 드러났습니다. 저는 하느님이 무오하며 질문조차 허용하지 않는 기이한 방식으로 당신을 드러내시지는 않는다고 믿습니다. 그분은 특정한 사람과 특정한 사건에 관한 기록을 통해 당신의 뜻과 본성을 명백하게 드러내셨습니다.

유대교 형제자매들과 마찬가지로, 그리스도교인들은 하느님이 고대 이스라엘을 택하셔서 그들의 역사를 통해 온 인류를 향한 거룩한 목적을 가장 분명하게 드러내셨다고 믿습니다. 하느님이 단 하나의 민족에게 집중하셨다는 것이 이상해 보일 수도 있습니다. 그러나 이것이 하느님이 다른 사람들에게는 관심이 없었음을 의미하는 것은 결코 아닙니다. 사실, 이 세계에 있는 모든 위대한 신앙 전통은 그 신앙이 자리한 각기 다른 관습과 다양한 층위 안에 신적 실재와의 만남을 다룬 진실한 이야기들을 간직하고 있다고 저는 믿습니다. 그러나 하느님이 이스라엘과 관계하신 것은 특별한 의미를 지닙니다. 이스라엘을 향한 이 특별한 집중은 신을 '힘'이 아니라 인격적인 용어 '아버지'로 부른다는 것이 무엇을 뜻하는지 그 단면을 보여줍니다. 중력은 언제나 일정하게 존재합니다. 이 때문에 성인이든 죄인이든 높은 건물 꼭대기에서 뛰어내리면 중력의 작용으로 모두 죽습니다. 그러나 인간은 다릅니다. 인간은 특정한 상황에서 특정한 방식으로 행동함으로써 자신이 인간임을 드러냅니다. 물론, 신을 가리키는 인격적인 표현은 다소 '과장되거나' 유비적인 방식으로 사용되고 있습니다. 누구도 실제로 하느님이 화창한 푸른 하늘 저편에 있는 수염 난 할아버지라고 믿지는 않습니다. 이 언어는 매우 중요한 진리, 곧 하느님은 어떤 추상적인 보편 존재, 이를테면 우주를 아우르는 창조 원리, 철학자들의 신과 같은 '것'이 아니라, 특정한 환경 속에서 특정한 사람들과 특정한 무언가를 하시는 '분'임을 드러내고자 합니다. 이스라엘을 향한 부름, 그리고 이스라엘 역사에서 특정한 사람들(예를 들면 예언자들)이 맡은 역할은 하느님이 인격적인 방식으로 자신을 드러내심을 보여줍니다.

'특수성의 걸림돌'scandal of particularity이라고도 불리는 이 문제는 두 번째로 형성되는 신앙, 곧 그리스도교의 기초가 되는 예수 그리스도의 유일성에 대한 믿음에서 더 강렬하게 나타납니다. 그리스도교 신앙의 중심에는 신비롭고 흥미로운 개념이 있습니다. 바로 유한한 인간의 힘으로는 제대로 상상조차 할 수 없는 무한하며 보이지 않는 하느님이 당신의 본성을 인간에게 적합하고도 이해할 수 있는 방식으로 알려 주시기 위해 인간성과 신성 모두를 온전히 지닌 1세기 유대인의 삶을 통해 활동하셨다는 것입니다. 이 놀라운 주장이 진리임을 믿는 이유를 여기서 세세히 밝히지는 않겠습니다(이러한 작업은 제가 다른 저작에서 밝힌 바 있습니다. '더 읽어 볼 책'을 보십시오). 그러나 그리스도교 사상에서 성서가 얼마나 중요한 역할을 하는지를 이해하려면 이러한 믿음은 없어서는 안 됩니다. 인간에게 들려주신 하느님의 말씀은 기록된 텍스트가 아니라 고통스럽고 수치스러운 죽음을 받아들인 한 사람의 온전한 삶을 통해 드러났으며, 그 말씀은 그리스도의 부활이라는 위대한 사건을 통해 인간을 향한 하느님의 신실함을 입증했습니다. 성서는 이 성육신한 말씀을 증언합니다. 그러나 성서가 말씀 자체는 아닙니다. "말씀이 사람이 되셔서 우리와 함께 계셨는데 우리는 그분의 영광을 보았다. 그것은 외아들이 아버지에게서 받은 영광이었다. 그분에게는 은총과 진리가 충만하였다"(요한 1:14)와 같은 구절은 그 분명한 예입니다.

그리스도교인에게 성서가 지닌 의미는 특별합니다. 곧 그리스도교인들은 성서가 이스라엘과 예수 그리스도를 통해 드러난 하느님의 활동을 우리 모두에게 전해주는, 무엇과도 대체할 수 없는 이야기라고 믿습니다. 성서가 남긴 기록이 없었다면 우리는 이스라엘에 대해 거의 알지 못했을 것이며 나자렛 예수에 관해서는 전혀 알지 못했을 것입니다. 이러한 사건들은 역사가 흐르는 가운데 일어났으며, 특정한 시간과 특수한 문화적인 맥락 안에서 이야기로 만들어져 우리에게 전해졌습니다. 그러나 그 이야기들에 계시가 가지는 특징이 드러난다는 사실은 성서의 면면에 변치 않는 의미와 그 깨달음이 담겨 있음을 알려 줍니다. 이 때문에 그리스도교의 성서 해석자들은 세대를 이어가도 지속해서 존중받을 수 있으며 변치 않는 진실한 권위를 지닌 것과 시대에 매여 있어 오늘날 우리가 애써 따를 필요가 없는 문화적 표현을 분별하는 것을 자신들의 주된 과업으로 삼습니다. 성서 연구자뿐 아니라 성서를 대하는 모든 이는 이러한 분별에서 자유롭지 못합니다. 가장 보수적인 성서 해석자조차 오늘날 하나의 밭에 두 종류의 씨앗을 심거나 두 종류의 소재로 만들어진 옷을 입지 말아야 한다고 주장할 정도로 외골수 근본주의자는 아닙니다(레위 19:19, 신명 22:9~11). 이러한 명령들은 우리 시대와는 무관한 것임이 분명하므로 그리스도교 공동체는 이러한 종류의 명령은 기본적으로 무시합니다. 물론 스펙트럼의 다른 쪽에서는 여전히 심각하고 당혹스러운 문제가 있기도 합니다. 이를테면 레위기 18장 22절에 분명하게 나타난 동성의 성행위 금지 구절을 두고 이를 어느 수준까지 허용할 것인지에 대해서는 오늘날의 그리스도교 안에서도 수많은 의견 충돌이 있습니다.* 이 구절은 선천적인 요소가 성적 지향에 영향을 끼친다는 현대의 발견에 무지한 채 그저 이러한 행위를 고의적인 성도착으로 여겼던 옛 시대를 대변하는 구절일 뿐일까요? 아니면 더 깊은 의미를 말하고 있는 것일까요? 이와 관련해 오늘날 세계 성공회를 뒤흔들고 있는 문제들과 그 갈등은 근본적으로 성서의 본질과 권위에 관한 사람들 사이의 뿌리 깊은 인식차에서 비롯합니다.

성서에서 일시적이며 문화적으로 우연히 발생한 것은 무엇이며, 영구불변하며 깨달음을 주는 권위 있는 것은 무엇이냐는 문제는 구약성서에만 한정되지 않습니다. 오늘날 대다수 그리스도교인은 여자들이 예배할 때에는 머리를 가려야 한다는 바울로(바울)의 단호한 주장(1고린 11:2~16)을 특정 문화에서 품위를 지키는 방식, 혹은 당대 사회에서는 적절했으나 오늘날에는 해당하지

* 여자와 자듯이 남자와 한자리에 들어도 안 된다. 그것은 망측한 짓이다. (레위 18:22)

않는 주장이라고 여깁니다. 그러나 최후의 만찬 중 그리스도가 성찬례를 제정한 것을 다루는 바울로의 이야기(1고린 11:23~26)에는 변치 않는 중요성을 부여합니다. 이렇듯 시간적인 것과 영원한 것을 분별하는 문제는 앞으로도 이 책에서 일관되게 다룰 것입니다.

성서의 모든 부분이 훌륭한 문학작품은 아닙니다. 일부는 누가 보아도 재미가 없고 때로 너무 지루하기도 합니다(예를 들면 역대기상 1~8장이 그렇습니다). 그러나 대부분의 기록은 심오하며 우리에게 깊은 감동을 선사합니다. 영어권에서 킹제임스 성서는 영문학 가운데서도 가장 감동적이며 사랑받는 구절들을 담고 있는 책입니다. 킹제임스 성서의 운율은 수 세기에 걸쳐 영문학에 영향을 미쳤으며, 오늘날까지도 킹제임스 성서가 지닌 많은 특징이 원형으로서의 중요성을 가지고 있습니다. 아담과 하와, 노아, 삼손, 다윗의 이야기를 떠올려 보십시오. 이 이야기들은 그 깊이를 다 헤아릴 수 없는, 무수한 위대한 문학 고전에 영향을 미친 무궁무진한 요소를 담고 있습니다. 이 이야기들에는 여전히 더 깊은 의미가 발견될 가능성이 남아 있어 언제나 새로운 독자들을 끌어들입니다. 오만하며 편협한 성서주의Biblicism가 만들어내는 폐해 중 한 가지는 하나의 문장에 하나의 의미만 있다고 고집함으로써 이러한 사실을 무시한다는 것입니다. 이러한 접근은 요리책에는 적합할지 모르나 성서에는 해당하지 않습니다. 물론 그 어떤 성서 해석도 허용될 수 있다거나 혹은 그렇게 해야 한다고 주장하는 것은 아닙니다. 다만 저는 우리가 이 거룩한 본문의 다양한 층위에서 풍성한 의미를 발견하게 될 것이라 단언합니다. 의미를 찾는 이러한 유연한 탐색에 관해서는 신약성서 기록자들이 자신들에게 성서적 맥락을 제공한 히브리 성서를 어떻게 활용했는지를 알아보면서 좀 더 다루도록 하겠습니다. 초기 그리스도교의 몇 세기 동안, 교부들은 성서에 나타난 의미의 네 가지 층위를 알아내려 애쓰곤 했습니다. 여기서 네 가지 층위란 문자적 층위, 도덕적 층위, 상징적 층위, 영적 층위를 말합니다. 때로 이러한 시도는 성서 해석을 이상한 상상의 나래로 이끌기도 했지만, 전반적으로는 성서에 담긴 풍성한 의미를 보여 주었습니다. 구약성서에 있는 아가서에서 드러나는 서정적인 에로티시즘은 두 사람 사이에 벌어진 열정적인 연애사에서 비롯된 것이 분명하지만, 중세 수도원장이었던 클레르보의 베르나르두스Bernard of Clairvaux가 아가서를 하느님과 한 사람의 영혼 간에 이루어지는 사랑의 교류라는 관점에서 해석한 것은 결코 의도적인 조작이라 할 수 없습니다. 그는 아가서에서 심오한 유비를 발견했으며 또 탐구했습니다.

중세 후기, 특히 종교개혁 시기에는 하나의 책을 해석함에 있어 이전보다 그 문자가 지닌 뜻 중 한 가지에만 집중하는 경향이 있었습니다. 따라서 책을 누가 읽든지 간에 그 안에 담긴 뜻은 명백하다고 여기게 되었습니다. 흥미롭게도, 이렇게 성서 해석이 편협한 방식으로 변화해 온 데에는 자연을 대하는 태도의 변화와 유사한 점이 있습니다. 중세 동물 우화집을 보면 알 수 있듯 당시 사람들은 자연 세계를 주로 영적 진실을 묘사하는 상징으로 바라보는 경향이 있었습니다. 자연의 역사 자체에 새로이 관심을 갖게 되면서 어떠한 일에 대하여 냉정하고 사실에 기반을 둔 관점이 발달했고, 이는 근대 과학의 발달에 영향을 끼친 것으로 여겨집니다. 이후 펠리칸을 성찬례의 상징만이 아닌 독립적인 생물체로 새로이 알게 된 것은 의심할 여지 없이 커다란 소득이었습니다. 그러나 몇 세기 후 낭만주의 운동이 주장한 것처럼, 자연 세계는 풍성함을 지니고 있어서 우리가 다양한 층위를 지닌 의미를 발견하도록 북돋습니다. 무지개에는 광학 이론만으로는 설명할 수 없는 무언가가 있습니다. 이와 유사한 무언가가 성서 안에 있습니다. 성서에 다가갈 때는 다채로운 의미 중 한 가닥에 불과한 개념을 추구하는 것보다 훨씬 더 풍성하며 훨씬 더 예민한 접근이 필요합니다.

성서가 지닌 다양한 층위 안에 담긴 잠재성을 인지하는 것은 성서에서 발견되는 풍요로움을 온전히 이용하는 데 필수불가결한 조건입니다. 성서가 제공하는 자원을 탐색하는 작업은 과거뿐 아니라 지금까지도 진행되고 있는 과정이며, 이를 통해 얻은 결실은 세대에 걸쳐 계속해서 전해집니다. 할 수만 있다면 성서를 기록한 사람이 본래 의도한 바를 아는 것은 분명 중요한 일이지만, 베르나르두스의 아가 해석에서 보듯 그것을 안다고 해서 성서를 해석하는 과정이 끝났다고 볼 수는 없습니다. 이 책의 마지막 장에서 저는 특별히 바울로가 로마인들에게 보낸 편지(로마서)에 있는 의미심장한 구절을 자세히 살핌으로써 진화하는 우주에 관한 과학적 사실을 신학적으로 사고하는 데에 큰 도움을 얻을 수 있다고 제안할 것입니다. 물론, 저는 바울로가 이러한 해석을 미리 염두에 뒀다고 가정할 만큼 모순적이고 시대착오적이지는 않습니다. 그러나 저는 성서를 이러한 방식으로 해석하는 것이 성서를 의도적으로 왜곡하는 것은 아니라고 믿습니다.

어떠한 경우든 우리가 성서에 접근하는 방식은 우리가 마음에 두고 있는 질문의 종류에 영향을 받을 것입니다. 때로 우리는 어떤 증거를 찾기 위해 성서를 탐구합니다. 히브리 민족의 이집트 탈출 이야기의 역사적 타당성을 검증하려 할 때, 혹은 복음서에서 묘사하는 나자렛 예수 이야기의 역사적 타당성을 판단하려 할 때가 그렇습니다. 이때에는 관련된 자료의 출처를 확인하고 신뢰성에 의문을 제기하며 또한 사건 자체가 일어난 이후 그 이야기가 발전하고 정교해진 정도에 대해 세심한 주의를 기울이는 편이 적절합니다. 이러한 방식으로 성서를 읽을 때 성서를 시험대에 올려놓는 것은 훌륭한 방법입니다. 이스라엘 역사와 나자렛 예수 안에서 하느님이 활동하셨다고 믿는다면, 그 역사와 인물 안에서 실제로 하느님이 어떻게 활동하셨는지를 명확하게 규명하기 위한 노력은 다른 무엇보다 중요합니다. 성육신을 믿는 종교는 역사적 진실의 문제를 전적으로 진지하게 받아들여야 합니다. 물론 이야기는 사실 여부를 떠나 그 자체만으로도 유의미한 힘을 가집니다. 그러나 그 이야기가 '진실한' 이야기로 받아들여질 때 거기에 어떤 힘이 더해집니다. 우리는 일상에서 이러한 경우를 빈번하게 접합니다. 저속했던 한 독일인 사업가가 목숨을 걸고 박해받던 유대인들의 생명을 구했다는 이야기는 그 자체만으로 사람들의 가슴을 뭉클하게 만듭니다. 그러나 오스카 쉰들러 이야기가 우리에게 특별한 감흥과 강렬한 인상을 남기는 것은 쉰들러가 실존 인물이었기 때문입니다. 영화 '쉰들러 리스트'에서 가장 감동적인 장면 중 하나는 영화 마지막에 쉰들러의 도움으로 살아남은 유대인들과 그 후손들이 그의 무덤에 돌을 하나씩 놓는 장면입니다. 이러한 장면이 가능했던 것은 쉰들러가 실제로 자신이 행동하지 않았다면 죽을 수밖에 없었던 유대인들을 아량을 가지고 용기 있게 행동해 구해냈기 때문입니다.

성서에서 발견되는 역사적 진실을 평가할 때, 우리는 성서를 비판적 분석의 대상으로 둡니다. 그러나 성서를 읽는 또 다른 방법이 있습니다. 즉 독자가 자기 자신을 시험대에 올려놓는 것입니다. 우리가 시험대 위에 올라갈 때, 위대한 진리가 시작되며 거대한 희망이 선포됩니다. 이제 우리의 삶에서 중요한 것은 어떻게 응답할 것이냐입니다. 이때 우리는 더는 성서에게 묻지 않습니다. 오히려 성서가 우리에게 질문을 던집니다. 아니, 하느님이 성서를 통해 우리에게 물어 오십니다. 중세 수도사들은 짧은 구절을 묵상하며 읽고 또 읽는 렉시오 디비나lectio divina, 곧 '성스러운 읽기'라는 방법으로 성서를 읽었습니다. 그들은 자신의 온 마음과 정신을 바쳐 그 구절에 젖어 들어갔습니다. 이러한 읽기는 우리 자신을 낮추어 성서가 지닌 힘을 체험할 수 있는 좋은 방법입니다.

성서 중 가장 먼저 기록된 문서는 약 삼천 년이나 되었고 가장 나중에 기록된 문서조차 거의 이천 년이 되었습니다. 이 기록들은 오늘날과는 매우 다른 문화를 배경으로 쓰였습니다. 우리가 세계를 바라보는 관점은 근대 과학의 발전 이후로 거대한 전환을 이루었기 때문에 성서의 배경이 되는 시대의 관점과는 현격한 차이가 있습니다. 우리는 이제 우리가 삼층으로 이루어진 우주에서 살고 있다고 생각하지 않습니다. 성서를 해석할 때는 이러한 문화적 관점의 변화를 반드시 고려해야 합니다. 물론 이것이 성서를 마치 골동품 다루듯 다루어야 한다는 것을 뜻하지는 않습니다. 그리스 비극작가의 작품이든, 히브리 예언자들의 작품이든, 요한의 복음서(요한복음)이든 셰익스피어의 희곡이든, 고전은 시대를 거슬러서 오늘날 우리에게까지 전달되는 심오한 힘을 지니고 있습니다. 장소와 시대라는 제약을 돌파하는 이 힘이야말로 위대한 저술들의 진정한 징표입니다. 마찬가지로, 성서는 그리스도교 사상과 신앙에 끊임없는 영향력을 미침으로써 성서가 담고 있는 심원한 가치를 입증합니다.

이 장에서 저는 일종의 서론으로 제가 어떻게 성서에 다가가고자 하는지 그 마음가짐의 윤곽을 보여 드렸습니다. 성서가 오류 없는 문서라는 관념은 부적절한, 일종의 우상숭배입니다. 그러나 성서는 단지 남겨진 골동품에 불과하며 오늘날 이를 진지하게 여길 필요는 없다고 생각하는 것 역시 큰 실수입니다. 성서는 교회가 예배를 통해 경험한 것과 그 속에서 형성되고 축적된 통찰들로 이루어진 전통과 더불어, 하느님이 우리에게 주신 이성의 힘과 함께 그리스도교 사상과 그리스도교적 삶을 위한 배경을 형성합니다. 한 사람의 과학자로서, 저는 저 자신을 '아래로부터 사고하는 사람'bottom-up thinker이라 부르고 싶습니다. 여기서 아래로부터 사고하는 사람이란 개별적인 경험들을 살피고 검증하기도 전에 일반론부터 주장하는 것을 경계하는 사람을 말합니다. 제가 이 장에서 제시하고자 한 성서를 대하는 태도는 성서를 해석하는 가운데 나타날 수많은 개별 문제에 대처함으로써 명료해져야 할 것입니다. 이제 이어질 장들에서 바로 이를 다루겠습니다.

“

성서 안에서도 사상적인 발전이 나타난다고 보게 되면
성서에서 나타나는 수많은 명백한 모순을 더 잘 설명할 수 있게 됩니다.
성서 안에 있는 구절들은 하나의 통일된 글로 보이지만
실은 다양한 출처를 갖고 있으며 각기 다른 시대에 만들어진
자료들이 취합되어 형성된 것입니다.
각 구절은 각기 다른 발전의 단계를 반영하고 있습니다.

”

2.

성서의 발전

여호수아기 6장은 우리에게도 친숙한 예리고(여리고) 공성전 이야기를 들려줍니다. 이 이야기에서 예리고 성벽은 이스라엘 백성의 나팔 소리에 무너지고, 이로써 도시는 함락됩니다. 성공회 성서정과Lectionary에서 이 구절을 다룰 때 이야기는 20절에 나오는 도시로 진군하는 장면에서 끝나고 다음 구절은 언급하지 않습니다. 본래 이어지는 구절은 다음과 같습니다.

> 남녀노소 가리지 않고 소건 양이건 나귀건
> 모조리 칼로 쳐 없애 버렸다. (여호 6:21)

오늘날 성서를 읽는 이들이 이 끔찍한 표현을 보고 "이는 주님의 말씀입니다"라고 고백하기는 쉽지 않을 것입니다. 그러나 우리는 하느님의 뜻을 이루는 행위인 것처럼 묘사하는 대학살과 집단 살해 이야기들이 히브리 성서에 심심치 않게 나온다는 사실을 정직하게 받아들여야 합니다. 사무엘상 15장에서 사울은 "가서 저 못된 아말렉족을 없애 버려라. 그들을 쳐서 하나도 남기지 말고 모조리 전멸시켜라"(1사무 15:18)라는 명령에 마음을 다해 순종하지 않았다는 이유로 꾸짖음을 듣습니다. 예언자 사무엘은 이 불순종의 결과로 사울이 이스라엘 왕좌에서 쫓겨날 것이라 말합니다. 우리는 이처럼 복수심에 불타는 하느님의 모습과 원수도 사랑하라고 말한 예수의 모습(마태 5:43~48)을 어떻게 일치시킬 수 있을까요? 단도직입적으로 말하자면, 그럴 수 없습니다.

이러한 딜레마에 대처하기 위해서 저는 성서에 담긴 계시에 관한 내용을 하느님의 뜻과 본성을 이해하는 능력이 발전하는 과정에서 기록된 것으로 보아야 한다고 생각합니다. 시간의 흐름에 따라 그 이해는 끊임없이 깊어졌지만, 결코 완전해지지는 않았습니다. 초기 단계에서의 기록은 상당히 원시적이었습니다. 이스라엘은 느릿느릿, 때로는 비틀거리며 하느님이라는 실재를 온전히 이해하기 위해 전진해 나갔습니다. 고대 이스라엘 민족은 하느님이 배타적인 방식으로 세계를 다스리신다고 이해했습니다. 그들에게 하느님은 가나안 종교의 신들과 같은 다른 신들을 섬기지 말라고 명령하시는 분입니다. 출애굽기에 따르면 시나이 산(시내 산)에서 받은 첫 번째 계명은 "너희는 내 앞에서 다른 신을 모시지 못한다"(출애 20:3)입니다. 고대 이스라엘이 해석한 바에 따르면, 이 말씀은 약속의 땅에서 거짓 신들을 따르는 이들과 무자비한 전쟁을 벌여 그들을 멸하라는 하느님의 명령입니다. 고대 사회에서 이스라엘은 그들의 하느님 야훼를 신실하게 따른다는 것을 드러내기 위해 믿지 않는 자들에게 폭력을 행사하는 것보다 더 나은 방법이 있으리라고는 상상조차 하지 못했습니다. 그러나 성서는 하느님이 예언자들의 입을 통해 유대인들에게 말씀하신 것처럼 이전보다 발전된 깊이 있는 이해를 보이는 이야기 또한 담고 있습니다. 바빌론 유수 때 우리가 제2 이사야라 부르는 한 예언자는 사무엘이 사울에게 전한 것과는 전혀 다른 메시지를 전합니다.* 특히 네 차례에 걸쳐 등장하는 '종의 노래'Servant Songs는 의미심장합니다(이사 42:1~4, 49:1~6, 50:4~9, 52:13~53:12). 이 구절들은 하느님의 목적을 실현하는 중

* 바빌론 유수 (BC 597~BC 538): 이스라엘 유다왕국 사람들이 신(新)바빌로니아의 바빌론으로 포로가 되어 이주한 사건.

요한 역할을 감당할 신비한 존재를 노래합니다. 첫 번째 노래는 "소리치거나 고함을 지르지 않아 밖에서 그의 소리가 들리지 않는, 갈대가 부러졌다 하여 잘라버리지 아니하고, 심지가 깜빡거린다 하여 등불을 꺼버리지 아니하는"(이사 42:2~3) 종에 관해 이야기합니다. 이 종은 여호수아나 다윗처럼 전쟁에서 승리를 안기는 강한 군사력을 지닌 인물이 아닙니다. 그는 약하고 힘없는 이들을, "부러진 갈대"와 "꺼져가는 등불"을 외면하지 않습니다. 네 번의 노래 중 마지막 두 노래는 고난받는 종에 관해 분명하게 이야기합니다. 그는 자신을 "때리는 자들에게 등을 맡긴"(이사 50:6) 분이자, "그를 찌른 것은 우리의 반역죄요, 그를 으스러뜨린 것은 우리의 악행이었으며, 그 몸에 채찍을 맞음으로 우리를 성하게 해주었고 그 몸에 상처를 입음으로 우리의 병을 고쳐 준"(이사 53:5)이입니다. 이 종이 이스라엘의 경계를 넘어서 구원을 베풀기에 온 인류는 은총을 입습니다. 하느님은 이 종에게 말씀하십니다.

> 나는 너를 만국의 빛으로 세운다.
> 너는 땅끝까지 나의 구원이 이르게 하여라. (이사 49:6)

그리스도교인들은 이 예언이 예수, 곧 점령국 로마에 대항해 싸울 것이라 고대해 온 군사 지도자가 아닌 십자가에 달리신 메시아에게서 성취되었다고 믿습니다.

분명 여호수아에서 제2 이사야에 이르는 동안 엄청난 사상의 발전이 있었습니다. 이를 두고서 하느님과 그분의 뜻에 관해 시간이 흐를수록 더 깊이 이해하게 되었다는 것에 누가 의문을 제기할 수 있을까요? 이를 받아들임으로써 우리는 성서가 지닌 영적 가치에 대한 믿음을 애써 포기하지 않고도 성서 초반에 나타난 미숙함과 잔혹함을 인정할 수 있게 됩니다. 그러는 동안 우리는 하느님의 본성이 점차 드러나 통찰과 이해가 깊어지는 과정 또한 엿볼 수 있게 됩니다.

학자들이 히브리 성서를 연구하며 파악한 가장 초기 지층에서 이스라엘의 신앙은 단일신교henotheism의 모습을 보입니다. 야훼는 이스라엘이 숭배하고 충성해야 할 유일한 존재였지만, 이 시기에는 그들을 둘러싸고 있던 다른 부족들의 신들 역시 실재하고 있는 것으로 여겨졌습니다. 십계명 중 첫 번째 계명이 다소 어색하게 느껴지는 이유가 여기에 있습니다.

너희는 내 앞에서(혹은 "나 외에")
다른 신을 모시지 못한다. (출애 20:3)

제2 이사야 시대에 이르러, 단일신교는 강경한 유일신교monotheism가 됩니다. 이제 야훼 외에 다른 신적 실재는 없습니다.

나는 주다. 이것이 내 이름이다. 내가 받을 영광을 뉘게 돌리랴?
내가 받을 찬양을 어떤 우상에게 돌리랴? (이사 42:8)

나보다 먼저 지음을 받은 신이 있을 수 없고,
나 이후에도 있을 수 없다. (이사 43:10)

또 다른 한편 개인이 져야 할 책임의 성질과 관련해서도 히브리 사상은 중요한 발전을 이뤘습니다. 고대 사회는 집단을 중심으로 사고하는 경향이 있어서, 대대로 이어지는 가문이 사유의 기본 단위였습니다. 이러한 이유로 십계명의 두 번째 계명은 하느님을 "질투하는 신, 부모의 잘못에 대해 자녀를 벌하는 자, 나를 싫어하는 자에게 아비의 죄를 그 후손 삼사 대에까지 갚게 하는 자(출애 20:5)"로 묘사합니다. 아간이 금지된 전리품을 취하여 유죄 판결을 받았을 때도 그의 온 가족이 돌에 맞고 함께 불태워졌습니다(여호 7:22~26). 포로기의 예언자 에제키엘(에스겔)의 때에 이르러서야 무고한 이에게 죄를 뒤집어씌우는 이 끔찍한 사고방식을 대신할 개인 중심적인 이해가 등장하게 되었습니다.

> 죽을 사람은 죄를 지은 장본인이다. 아들이 아비의 죄에 대한 벌을 받거나 아비가 아들의 죄에 대한 벌을 받거나 하지는 않는다.
>
> (에제 18:20, 예레 31:30도 참조하십시오)

다층 구조로 되어 있는 신명기에는 두 관점이 모두 드러납니다(신명 5:9, 24:16).*

이처럼 성서 안에서도 사상적인 발전이 나타난다고 보게 되면 성서에서 나타나는 수많은 명백한 모순을 더 잘 설명할 수 있게 됩니다. 성서 안에 있는 구절들은 하나의 통일된 글로 보이지만 실은 다양한 출처를 갖고 있으며 각기 다른 시대에 만들어진

---

* 나 야훼 너희의 하느님은 질투하는 신이다. 나를 싫어하는 자에게는 아비의 죄를 그 후손 삼사 대에까지 갚는다. (신명 5:9)
자식의 잘못 때문에 아비를 죽일 수 없고, 아비의 잘못 때문에 자식을 죽일 수 없다. 죽을 사람은 죄지은 바로 그 사람이다. (신명 24:16)

자료들이 취합되어 형성된 것입니다. 따라서 각 구절은 각기 다른 발전의 단계를 반영하고 있습니다. 이스라엘은 중심이 되는 이야기를 다시 엮는 작업을 거듭했으며, 수 세기에 걸쳐 이 일을 계속했습니다. 자료의 출처를 확인하고 연대를 매기는 과정은 학문적인 활동과 논의에서 다룰 문제입니다. 이를 두고 일어나는 논쟁의 구체적인 내용을 이 책에서 다루지는 않겠지만 적어도 번역된 성서를 주의 깊게 읽는 독자라면 이 문제를 알아챌 것입니다. 간단한 예를 들자면 우리는 창세기 첫 두 장에 등장하는 두 종류의 창조 이야기를 두고 어떤 장에 좀 더 주의를 기울여야 할지를 고민하게 됩니다. 두 이야기 중 나중에 만들어졌으나 첫 번째로 등장하는 이야기(창세 1:1~2:3)는 상당히 세련된 문체를 구사하며 창조주를 언급하는 데에 하느님을 뜻하는 히브리 단어 엘로힘אֱלֹהִים 하나만을 일관되게 사용합니다. 두 번째 이야기(창세 2:4~25)는 첫 번째 이야기 이전에 만들어졌으며, 창조주를 주 하느님이라 부릅니다. '주 하느님'의 첫 번째 단어 '주'는 하느님의 참된 이름인 히브리어 야훼יהוה를 번역한 말입니다. 독실한 유다 사람들은 이 단어를 너무도 거룩한 단어로 여겨 그 이름을 입 밖으로 낼 수 없어 대신 주님이라는 뜻의 말 아도나이אֲדֹנָי를 썼습니다. 문자 그대로 읽는다면 두 이야기는 양립할 수 없습니다.

예를 들어 첫 번째 이야기에서 인간은 동물 다음으로 창조되지만, 두 번째 이야기에서 그 순서는 뒤바뀝니다. 우리를 더욱 혼란스럽게 하는 것은 노아의 홍수 이야기입니다. 이야기 초반에 하느님은 노아에게 모든 동물을 종류별로 한 쌍씩 배에 태우라고 말씀하십니다(창세 6:19). 그러나 이후 하느님은 깨끗한 짐승은 일곱 쌍씩, 부정한 동물은 한 쌍씩 태우라(창세 7:2)고 지시하십니다. 이 이야기 역시 최소한 서로 다른 두 개의 자료가 취합된 것이며, 두 번째 자료에서는 종교의례에서의 정결과 부정의 문제에 관한 제사장적 관심이 보입니다.

성서가 지닌 다층적인 성격을 보여주는 또 다른 예는 출애굽기와 레위기에서 나타나는 율법의 의미 확장, 그리고 신명기에서 언급된 출애굽 이야기를 함께 놓고 볼 때 발견할 수 있습니다. 레위기는 그 자체로 성서가 어떠한 방식으로 오랜 시간에 걸쳐 편집과 수정이 반복됐는지를 분명하게 보여줍니다. 이 책은 다양한 유형의 희생제사와 관련한 상세한 규정과 제사를 위해 아론 가문의 제사장들이 해야 할 준비 사항에 상당히 많은 부분을 할애합니다. 레위기는 모세가 성막, 곧 이스라엘 민족이 사막에서 방랑하는 동안 함께했던 거룩한 천막에서 드린 제사에 적용하기 위해 이러한 규칙들을 선포한 것처럼 묘사합니다. 여기서 등장하는 이 천막은 실재했던 것으로 보이지만, 레위기의 복잡하고 자세한 규정은 주로 한 곳에 정착한 상황 속에서의 제사, 곧 예루살렘 성전에서 드린 제사와 더 관련이 있음에 틀림이 없습니다. 레위기의 최종 형태는 바빌론에서의 유배 생활을 마치고 돌아와 느부갓네살이 파괴한 성전을 재건하던 시기에 제사장 집단이 완성한 것으로 보입니다.

따라서 히브리 성서가 최종 정경 형태에 이르기까지 오랜 시간에 걸쳐 발전해 왔으며, 그중에 과거로부터 물려받은 많은 것이 당대의 이해와 경험에 비추어 수정되었음은 분명합니다. 그러나 최종 본문을 취합한 편집자들은 자신들이 사용한 자료 간에 존재하는 차이를 다듬을 필요까지 느끼지는 않았던 것 같습니다. 대신 그들은 성서의 형성 과정 중 여러 세대에 걸쳐 쌓인 축적물들을 한데 모았습니다. 그들은 일관된 하나의 본문을 만들기 위해 오랜 발전 과정의 흔적을 제거하지 않았습니다. 과거를 향한 탐험을 막아서는 안 된다고 생각했던 것입니다.

구약성서는 약 천 년에 걸친 자료들을 포함하고 있지만, 신약은 이와 견주어 훨씬 더 시간적으로 조밀합니다. 제가 알기로 신약성서를 이루는 모든 문서, 혹은 대부분이 주후 1세기가 끝나기 전에 기록되었습니다. 아마 우리에게 주어진 최초의 그리스도교

저술은 바울로가 데살로니카인들에게 보낸 첫째 편지(데살로니가 전서)로, 주후 50년경에 작성되었습니다(예수의 십자가 사건은 30년 혹은 33년에 일어난 것으로 추정됩니다). 구전oral transmission이 일반적이고 신중하게 이루어졌던 당시의 문화 속에서는 예수와 관련한 이야기도 기록에 앞서 구전되었을 것이며, 아마도 우리에게는 전해지지 못한 초기 자료도 일부 있었을 것입니다. 학자들은 후자의 가능성에 대해 논쟁하는데, 마태오의 복음서(마태복음)와 루가의 복음서(누가복음)에서 공통으로 발견되는 자료 중 일부가 두드러진 언어적 유사성을 보이기 때문입니다. 학자들은 두 복음서 기록자들이 학계에서 Q(자료라는 뜻의 독일어 Quelle에서 유래했습니다)라 부르는, 지금은 존재하지 않는 기록된 자료를 사용했기 때문에 이러한 유사성이 생겼다고 추정합니다. 또한, 많은 사람이 우리가 보는 본문 안에 당시에 일어난 사건들과 더 가까운 시간에 만들어진 초기 그리스도교 신앙의 공식이 보존되어 있다는 데에 동의합니다. 그 대표적인 예로 로마인들에게 보낸 편지 10장 9절에 나오는 "예수는 주님"이라는 고백은 그리스도교 신앙에서도 매우 초기에 나온 진술로 간주됩니다.

1세기는 그리스도교 교회 안에서 거대한 신학적 움직임과 창조적인 활동이 일어났던 시기입니다. 나중에 좀 더 다루겠습니다만, 이는 당대 교회가 부활한 주 예수 그리스도가 가져왔다고 믿은 새로운 변혁의 은총을 체험한 바를 분명하게 표현하고 해석하기 위해 애쓴 데에 따른 것입니다. 이러한 체험을 통해 생겨난 풍성하고도 다양한 신학적 통찰은 신약성서 곳곳에서 드러납니다. 교회가 사복음서에서 드러나는 다양한 관점을 융합해 어떤 조화로운 결과물을 만들어내려 하기보다는 그 관점들을 그대로 보존했다는 것은 의미심장한 일입니다. 요한의 복음서가 나머지 세 복음서와는 다른 성격을 지니고 있다는 것은 빠른 시간 내에 알려졌습니다. 이 때문에 2세기 알렉산드리아의 클레멘스 Clement of Alexandria는 요한의 복음서를 '영적인 복음서'라 불렀습니다. 이 복음서는 분명 그리스도의 신성을 대담하게 주장합니다. 그러나 동시에 이 복음서는 묘사하고 있는 사건들의 구체적인 날짜와 장소에 지대한 관심을 보이고 있습니다. 많은 구절이 무시간적인 성격을 지님에도 불구하고, 요한의 복음서에 등장하는 이야기는 기본적으로 1세기 팔레스타인에서 일어난 사건들에 깊게 뿌리내리고 있습니다.

신약성서에서 가장 기이한 책은 아마도 요한의 묵시록(요한계시록)일 것입니다. 그리고 바로 이 점 때문에 요한의 묵시록은 정경으로 자리 잡는 데 어려움을 겪었습니다. 이 책의 기록자는 요한의 복음서 기록자가 속한 공동체와 모종의 연관이 있었던 것으로 보입니다. 그러나 번역된 성서만 보더라도 드러나는 두 책의 전혀 다른 문체는 기록자가 동일 인물이 아니라는 것을 보여 줍니다. 묵시록은 희망과 공포가 뒤섞여 있는 성서의 특징을 고스란히 담고 있습니다. 이 책은 하늘에서 드리는 예배를 매우 감격적으로 그려 내며(4장 등), 심원한 희망을 담아 책을 마무리 짓습니다(묵시21:1~22:7). 그러나 하느님이 당신의 분노를 드러내는 표징으로 가하시는 낙인, 나팔, 전염병 등의 형벌을 끔찍하리만큼 잔혹하게 묘사하기도 합니다(묵시 6~10장, 16장). 하느님의 복수를 표현한 이러한 묵시적 이미지들은 극심한 박해를 당한 특정한 시대적 맥락에서 생겨났습니다. 이 이미지들은 시간이 흘러도 변함이 없는 하느님의 뜻을 담고 있는 대체 불가능한 표현이라기보다는 당시 상황에 대처한 인간의 반응으로 평가되어야 합니다. 그러나 묵시록 이후의 세대는 이 점을 깨닫는 데에 실패했으며 후대에 등장한 그리스도교 사상에 해로운 영향을 미쳤습니다. 그로 인해 묵시록은 신약성서를 이루고 있는 그 어떤 책보다도 해석과 영향력에 있어 불행한 결과를 낳았습니다.

우리가 성서를 접할 때 발견하는 신학적 이해의 발전 과정은 성서 자체의 범위를 넘어 계속됐습니다. 신약 시대의 근본적인 경험과 통찰은 결국 4세기와 5세기 공의회에서 그리스도론과 삼위일체론이라는 결론을 이끌어 냈습니다. 과거 신약성서 기록자들은 예수가 자신들의 시대 직전까지 인간의 삶을 살았음을 아는, 유일신을 믿는 유대인들이었습니다. 그럼에도 불구하고 그들은 자신들이 경험한 부활한 그리스도에 관해 신적인 표현들을 사용했습니다. 이 때문에 신약성서 안에서는 해결되지 않는 분명한 긴장이 생겨났습니다. 꼭 이와 같은 방식으로 이후 공의회들의 이해 방식에 담겨 있는 긴장들은 성서가 증언한 것들과의 만남을 통해 생겨났습니다. 그들은 성서의 증언들을 바탕으로 신학 이론을 도출해 냈으나 사실 그 구체적 내용이 신약성서 안에 분명하게 표현되어 있는 것은 아닙니다. 물론, 공의회의 결론이 신학적인 발전의 결론을 뜻하지는 않습니다. 교부들은 그들이 참된 증언이라 믿는 것을 그리스도교 정통 교리로 삼아 경계선을 긋고자 했습니다. 그러나 그 이상으로 탐구하고 반성할 필요성은 사라지지 않습니다. 성령이 계속 활동한다고 믿는 사람들은 이를 놀랍게 여기지 않을 것입니다(요한 16:13).* 성서에서 이

* 그러나 진리의 성령이 오시면 너희를 이끌어 진리를 온전히 깨닫게 하여주실 것이다. 그분은 자기 생각대로 말씀하시지 않고 들은 대로 일러주실 것이며 앞으로 다가올 일들도 알려주실 것이다. (요한 16:13)

루어진, 그리고 그 이후 계속된 발전의 방향은 이 세계에서 계시가 명제적이기 보다는 근본적으로 인격적이며, 화석화되지 않고 생동한다는 점을 드러내는 데 맞추어져 있습니다.

“

창세기 1장은 하느님의 분주한 6일간의 활동을 다룬
유사-과학적 이야기가 아닙니다.
이 이야기는 그보다 더 심오하고 흥미진진한
무언가를 담고 있습니다.

”

3.
창조와 타락

과학과 성서의 관계를 두고 논의를 하면 창세기 초반 몇 장에 관심이 집중되는 경우가 많습니다. 단호하게 문자 그대로 성서를 읽는다면 창세기에 담긴 내용은 분명 충분한 근거에 기반을 두고 있는 현대 과학 및 진화 생물학의 결론과 양립할 수 없습니다. 우주는 탄생한 지 137억 년 가량 되었습니다. 태초의 우주는 균일하게 팽창하는 에너지였고 점차 중력의 응축 효과가 발생해 별과 은하계로 뭉치게 되었습니다. 이러한 1세대 별들 안의 핵 용광로에서 많은 무거운 원소들이 본래 자신들의 구성 성분이었던 수소와 헬륨에 달라붙음으로써 우주에서 일어날 수 있는 화학적 잠재력을 보다 풍성하게 했으며 그 잠재력의 일부로 탄소에 기반을 둔 생명의 발달 가능성이 마련되었습니다. 우리가 사는 이 행성에서 그 가능성은 현실이 되었고 처음에는 단세포 유기체의 형태로 시작해 끊임없는 생물학적 진화를 거치며 복잡해짐으로써 의식이 있는 동물과 자의식이 분명한 인류가 등장하게 되었습니다. 이는 최초의 에너지 공이 지닌 풍부한 잠재력이 현실로 드러난 것이라 할 수 있습니다. 우리는 이와 같은 사건들을 믿을만한 충분한 근거를 가지고 있습니다.

우리를 놀라게 하는 이 비옥한 창조의 역사는 창세기 1장과 2장이 전하는 두 가지 형태의 이야기와는 매우 다릅니다. 앞에서 이미 확인한바 두 이야기 자체가 서로 양립할 수 없다는 사실은, 그 이야기들을 마치 하느님이 받아쓰도록 하신 이야기처럼 다루어서는 안 된다고, 지구와 우주의 역사를 과학적으로 연구하는 동안 발생하는 문제를 회피하기 위해 주어진 것으로 받아들여서는 안 된다고 경고하고 있음이 틀림없습니다. 어떠한 형태로 쓰였든지 간에 문학 작품을 읽을 때 우리는 우리가 다루는 작품의 장르를 정하는 데 신중을 기해야 합니다. 다른 종류의 글을 읽을 때는 다른 방식으로 이해해야 합니다. 운문과 산문은 전혀 다릅니다. 시인 로버트 번스Robert Burns가 우리에게 자신이 사랑하는 사람이 "한 송이 붉디붉은 장미와 같다"고 말할 때, 우리는 그 말이 그의 연인이 녹색 잎과 가시를 갖고 있다고 말하는 것이 아님을 압니다. 성서는 한 권의 책이 아니라 일종의 도서관입니다. 성서에는 시, 산문, 이야기, 역사, 법, 편지 등 매우 다양한 장르의 글이 있습니다. 성서를 존중하는 올바른 방법은 바로 이 장르의 문제를 인지하는 것입니다. 그러한 면에서 근본주의적 성서 문자주의에 근거한 이른바 '창조론'은 애처로운 형용모순입니다. 이 이론은 성서를 존중한다는 이유로 사실상 텍스트를 학대하며, 텍스트의 장르를 잘못 이해함으로써 그 핵심을 놓칩니다. 예를 들어 창세기 1장은 하느님의 분주한 6일간의 활동에 대한 유사-과학적 이야기가 아닙니다. 이 이야기는 그보다 더 심오하고 흥미진진한 무언가를 담고 있습니다. 창세기 1장은 일종의 신학 텍스트로서, 하느님의 뜻을 통하지 않고서는 그 어느 것도 존재할 수 없다고 주장합니다. 우리는 이 장을 읽을 때 "하느님이 말씀하시기를 …이 생겨라"라고 한 뒤 말씀한 그것이 생겨나는 장면을 여덟 번이나 봅니다.

초기 그리스도교인들은 수백 년 동안 창세기를 문자 그대로 이해해야 한다고 생각하지 않았습니다. 사람들은 빛이 첫째 날 창조되었지만, 빛의 명백한 원천인 해와 달, 그리고 별들은 넷째 날 등장했다는 것에 주목했습니다. 히포의 아우구스티누스 augustine of hippo와 니사의 그레고리우스greogory of nyssa같은 교부들은 창세기에서 표현한 창조의 "날"이라는 단위는 문자 그대로 24시간으로 이루어진 하루가 될 수 없다고 이해했으며, 어떤 사람들은 그것이 거대하게 확장된 시간을 의미한다고 생각했습니다. 사실 창조 이야기에서 천체가 빛 자체보다 뒤늦게 창조된 것으로 본다는 사실은 창세기 1장의 신학적 특징을 분명하게 보여줍니다. 고대 세계 사람들은 해와 달, 별들을 신으로 숭배했습니다. 그러나 창세기는 이 모든 것이 하느님의 피조물에 불과하다는 것을 분명히 하기 위해 공을 들입니다. 천체가 창조의 장면에서 뒤늦게 등장하는 것은 천체가 하느님에게 종속되어 있음을 보여줍니다. 같은 이유로 창세기는 당시 이교도들이 섬기는 신들의 이름이기도 한 해와 달의 고유한 이름을 쓰지 않고 큰 빛과 작은 빛이라고만 언급합니다.

1장보다 더 오래된 이야기인 창세기 2장은 분명 더 신화적입니다. 여기서 '신화'myth란 동화 같은 이야기가 아니라, 이야기의 형태로만 전달할 수 있는 심오한 진리를 말합니다. 창세기 2장은 중요한 신학적 통찰을 이야기를 통해 제공합니다. 이 이야기는 하느님이 땅의 흙으로 아담을 빚으셨다고 묘사함으로써 자연에서 인간의 자리가 어디인지를 드러내며, 동시에 하느님이 아담에게 생명의 숨을 불어넣으셨다고 묘사함으로써 그럼에도 불구하고 인간의 생명에 초월적인 차원이 있음을 보여줍니다. 동산을 돌보는 장면은 인간이 자연을 돌보아야 할 책임이 있음을 알려주며, 아담의 갈비뼈로부터 하와가 창조되었다는 이야기는 남성과 여성이 친밀하게 연결되어 있음을, 그들이 "한 몸"으로서 동등하며 하나 된 존재임을 전합니다.

창세기 1장 이야기는 바빌론 포로기 혹은 그 후 얼마 지나지 않은 시점에 기록되었습니다. 많은 학사는 이 이야기가 당시 이스라엘 민족이 바빌로니아 창조 신화를 접하면서 그 영향을 받았다고 생각합니다. 여기에 어느 정도 진실이 있다는 것을 의심할 필요는 없지만, 창세기 1장과 바빌로니아 신화인 에누마 엘리시Enuma Elish를 비교해보면 몇 가지 두드러진 차이가 드러납니다. 에누마 엘리시에서 바빌로니아 신 마르두크는 바다 괴물 티아마트와의 싸움 끝에 그녀를 죽이고 그 시체를 둘로 갈라서 땅과 하늘을 만듭니다. 다행히도 오늘날 독자들을 당황하게 할 이러한 이야기는 창세기에서 발견되지 않습니다. 이와 견주어서 창세기 이야기는 비록 현대 과학이 말하는 바와 일치하지 않으며 불가피하게 그 시대의 관용 어구로 표현되었음에도 오늘날의 관점에서 볼 때 놀랄 만큼 '합리적'입니다. 우선 창조는 (6일간의)'과정'으로 그려지며, 일종의 에너지 폭발로 시작됩니다("빛이 생겨라"). 모든 것은 하느님의 언명으로 일어납니다만, 그럼에도 불구하고 자연이 맡은 역할이 분명히 있습니다("땅은 …을 내어라", 11, 20, 24절). 이런 과정을 거쳐 식물, 바다 생물, 조류, 육지 동물, 인간이 순서대로 창조됩니다. 물론 새는 너무 일찍 등장하고, 광합성의 연료가 되는 태양이 나오기도 전에 식물이 나옵니다. 그러나 마르두크와 티아마트 이야기에 비하면 이 이야기는 믿을 수 없을 만큼 커다란 진전을 이루었습니다. 이는 성서와 현대 과학이 일치한다는 시대착오적인 주장을 하는 것이 아닙니다. 다만 에누마 엘리시가 성서의 일부였다고 가정하는 것에 비해 창세기의 창조 이야기는 전반적으로 우리에게 덜 당황스럽게 다가온다는 것입니다.

바빌로니아와 히브리 사상에서 또 다른 중요한 차이점은 인간의 지위입니다. 바빌로니아 신화에서 인간은 그저 신들의 노예로 창조되었으나 창세기 1장 28절에서 인간은 하느님에게 자연을 다스릴 자격을 위임받습니다.* 인간이 "하느님의 형상대

* 하느님께서는 그들에게 복을 내려 주시며 말씀하셨다. "자식을 낳고 번성하여 온 땅에 퍼져서 땅을 정복하여라. 바다의 고기와 공중의 새와 땅 위를 돌아다니는 모든 짐승을 부려라!"(창세 1:28)

로"(27절) 창조되었다는 널리 알려진 진술이 이를 보여 줍니다. 일부 학자들은 이 구절이 황제가 자신이 지배하고 있는 지방에 자신의 동상을 세워 그 권위를 상징하거나 상기시키는 수단으로 삼던 고대 제국 관습의 영향을 받은 것으로 보았습니다. 그럼에도 불구하고 하느님의 형상이라는 말은 그보다 더 심오한 가치를 지닙니다. 수백 년 이상 많은 사람들은 인간이 지닌 고유한 능력인 합리적 사고를 하느님 형상의 핵심으로 파악했습니다. 그러나 저는 합리적 사고가 정말로 하느님의 형상이라는 표현의 핵심인지 의심스럽습니다. 하느님의 형상은 학문적으로 뛰어난 사람만큼이나 지적 장애가 있는 사람에게서도 발견됩니다. 하느님의 형상은 모든 인간 한 사람 한 사람이 고유한 가치를 지니고 있다는 근본적인 믿음을 위한 신학적 기반입니다. 저는 이 표현이 하느님이 모든 개인에게 당신의 사랑을 주셨으며 이로써 모든 개인이 하느님의 현존을 알 수 있는 내재적 능력을 지니고 있음을 가리킨다고 생각합니다. 이 내재적인 능력이야말로 '하느님의 형상'imago dei의 본질입니다.

과학과 성서를 둘러싼 수많은 논의가 창세기에 주목했지만, 창세기 외 성서 다른 곳에도 하느님의 창조를 많이 언급하고 있다는 점을 알아야 합니다. 특히 히브리 성서에서 뚜렷한 위치를 차지하고 있는 지혜문학은 많은 곳에서 창조를 언급합니다. 지혜문학을 쓴 지혜자들이 세상을 바라보는 방식은 사제들이나 예언자들과는 다릅니다. 사제와 예언자는 노예로 살다가 이집트에서 탈출한 이야기와 같은 위대한 구출 사건처럼 하느님이 역사 속에서 구원하시는 활동이 직접적으로 드러난 특정 계시적 사건에 반복적으로 호소합니다. 이와 견주어서 지혜자들이 생각하는 계시란 좀 더 일상적인 말입니다. 그들은 세상이 일상적으로 돌아가는 모습을 보았고 이를 명료하게 인식했으며 가감 없이 평가했습니다. 그들이 내린 판단을 보면 그들이 세상사에 밝다는 것을 알 수 있으며 이 점에서 그들을 실용주의자라 말할 수도 있습니다.

> 나그네가 옷을 담보로 잡히거든 잡아 두어라.
> 나그네니 딱하더라도 잡아 두어라. (잠언 27:13)

이들이 지닌 보다 신학적인 면모는 "지혜"라는 이름으로 인격화된 모습, 곧 하느님이 세상을 창조하실 때 그분과 함께 있었던 것으로 묘사되는 "지혜"를 중심으로 일어나는 구절들(잠언 8:22~31)에서 발견할 수 있습니다. 그들은 차분하게 자연 세계를 응시합니다.

> 이상한 일이 세 가지, 정말 모를 일이 네 가지 있으니, 곧 독수리가 하늘을 지나간 자리, 뱀이 바위 위를 기어간 자리, 배가 바다 가운데를 지나간 자리, 사내가 젊은 여인을 거쳐 간 자리다. (잠언 30:18~19, 이어지는 21~31절도 보십시오)

지혜문학의 기록자들은 고대 이스라엘에서 모든 것에 거리를 두고 바라보는 냉철한 현대 과학자에 가장 근접한 사람들이었습니다. 과학과 종교라는 주제에 도움이 될 성서의 자원들을 찾는 사람이라면 신약보다는 구약성서에서 더 많은 재료를 찾게 될 것이며, 이때 지혜문학 기록자들은 특히나 풍성한 재료를 그들에게 건넬 것입니다.

시편에 담긴 시들에서도 자연과 관련하여 살필 만한 중요한 구절들이 있습니다. 예를 들어 104편은 창조 세계가 지닌 풍요로움에 경이로움을 느끼며 감격에 차올라 하느님을 찬미합니다.

> 주님, 주님께서 손수 만드신 것이 어찌 이리도 많습니까?
> 이 모든 것을 주님께서 지혜로 만드셨습니다. (시편 104:24)

분별력 있는 시선으로 시편 기록자는 만물을 있는 그대로 받아들입니다. 그는 "젊은 사자들은 먹이를 찾으려고 으르렁거리며, 하느님께 먹이를 달라고 울부짖는다"(21절)고 선언하기를 주저하지 않습니다. 총 35절로 구성된 시편 104편에서 자연의 전경을 묘사하는 구절은 34개지만 인간을 언급하고 있는 구절은 단 3개입니다. 19세기 위대한 물리학자이자 독실한 그리스도교인이었던 맥스웰James Clerk Maxwell은 케임브리지 대학교 캐번디시 연구소 현관문에 시편 111편 두 번째 절인 "주님께서 하시는 일들은 참으로 훌륭하시니, 그 일을 보고 기뻐하는 사람들이 모두 깊이 연구하는구나"를 라틴어로 새겼습니다.

모든 지혜문학 중 가장 놀라운 작품은 당연히 인간의 고통을 다룬 심오한 이야기인 욥기입니다. 1장부터 37장까지, 욥에게 재앙이 닥치고 그와 친구들은 욥과 그 가족에게 일어난 끔찍한 일들이 지닌 의미에 대해 논쟁합니다. 친구들은 욥이 하느님께 죄를 저지른 것이 분명하며 그 결과 형벌을 받고 있다고 주장합니다. 이에 욥은 자신의 무죄를 주장하며 하느님을 직접 뵙고 자신을 변론하여 자신의 의로움에 대해 항변하려 합니다. 그때 갑자기 하느님이 나타나십니다.

그 때에 주님께서 욥에게
폭풍이 몰아치는 가운데서 대답하셨다. (욥기 38:1)

여기서 하느님의 응답은 매우 기이합니다. 불쌍한 한 남자에게 왜 이런 곤경이 닥쳤는지를 이야기하는 대신(이 책의 중심이 되는 운문 텍스트의 서막이라 할 수 있는, 운문에 비해 좀 더 오래 전에 기록된 산문에서는 하늘의 전에서 하느님과 사탄이 매우 의심스러운 내기를 벌임으로써 이 모든 일이 일어납니다), 하느님은 욥을 데려다 그저 경이로운 창조 세계를 바라보게 하십니다(욥기 38~41장). 그 와중에 하마와 악어가 신화적인 말로 묘사됩니다. 하느님은 말씀하십니다.

베헤못(신격화된 하마, 인간이 아닌 피조물의 상징으로 여겨집니다)을 보아라.
내가 너를 만든 것처럼, 그것도 내가 만들었다. (욥기 40:15)

이 구절은 창조주가 모든 피조물을 가치 있게 여기며 적절한 방법으로 돌본다는 것을 보여 줍니다. 온 자연은 인간 행위의 배경이 되기 위해서만 존재하는 것이 아니라 창조라는 위대한 드라마의 일부입니다. 수많은 고통을 겪은 후에도, 주님과 이러한 만남으로, 그리고 하느님의 위엄 넘치는 창조를 본 것으로 욥은 만족을 얻습니다. 그는 대답합니다.

> 주님이 어떤 분이시라는 것을, 지금까지는 제가 귀로만 들었습니다. 그러나 이제는 제가 제 눈으로 주님을 뵙습니다. 그러므로 저는 제 주장을 거두어들이고, 티끌과 잿더미 위에 앉아 회개합니다.
>
> (욥기 42:5~6)

여기서 온 자연은 하느님의 현현, 곧 창조주의 계시로 보입니다. 창조주의 시선으로 바라본 창조 세계가 지닌 이러한 가치는 신약에서도 분명하게 드러납니다. 골로사이인들에게 보낸 편지(골로새서)에 있는 경이로운 그리스도론적 찬가(1:15~20)는 그 대표적인 예입니다. 이 찬가는 그리스도가 "십자가의 피로 (모든 사람뿐만이 아니라)만물을 화해시키셨음"(20절)을 선포합니다. 이에 관해서는 이 책 마지막 장에서 간략하게 다루겠습니다.

지혜문학을 기록한 사람들은 오늘날 '자연신학자'라 부를 만한 이들이었습니다. 다시 말해, 그들은 특정한 계시적 사건들의 특수성에 공공연히 호소하지 않고 일상의 경험에서 하느님을 조금이라도 배우고자 했습니다. 이러한 접근의 타당성만큼이나 한계 또한 분명합니다. 제한적인 형태의 경험에 호소하는 것은 제한

된 통찰만을 가져다 줄 뿐입니다. 아마도 이것이 전도서와 같은 후기 지혜문학에서 인간의 이해가 이룰 수 있는 수준이 어느 정도인지를 알고자 했던 이유일 것입니다.

> 사람의 영은 위로 올라가고 짐승의 영은 아래 땅으로 내려간다고 하지만, 누가 그것을 알겠는가?(전도 3:21)

창세기의 첫 부분으로 돌아가 3장에 나오는 타락 이야기를 살펴봅시다. 다시 한 번 주지해야 할 것은, 우리가 신화라는 장르를 다루고 있다는 것입니다. 저는 3장에 나오는 이야기가 우리 조상이 저지른 참담한 행위를 담아낸 역사 기록이라 믿지 않습니다. 이 이야기는 하느님과 인류의 관계에 관한 진리를 전합니다. 문자 그대로 읽으면 이 이야기는 분명 지금까지 과학 연구로 우리가 알게 된 논리 정연하게 확립된 지식과 양립할 수 없습니다. 뱀은 말을 하지 않습니다. 가시나무와 엉겅퀴는 인간의 불순종 때문에 생겨나지 않았습니다. 무엇보다도 인류가 등장하기 이전에도 세상에는 죽음이 존재했습니다. 우리의 유전적인 선조인 작고 털로 덮인 포유류에게 진화의 기회를 준 계기는 약 6,500만 년 전 발생한 공룡의 멸종이었습니다. 따라서 이 장을 문자적으로 해석하기 위해 이러한 어려움과 씨름하려는 시도들은 모두 핵심을 벗어난 것입니다. 근본주의적 읽기가 가하는 속박에서 벗어나기만 한다면 이 이야기가 지닌 신화적인 힘은 과학을 통해 얻은 통찰을 보완할 수 있습니다. 그리하여 우리의 통찰은 더욱 온전해집니다. 저는 타락 이야기가 다음과 같은 방식으로 해석되어야 한다고 생각합니다.

인간은 자의식을 갖고 있으며, 제가 알기로 그 수준은 다른 동물들의 의식 경험을 훌쩍 뛰어넘습니다. 우리와 진화적으로 가장 가까운 친척에 해당하는 영장류와 비교해도 그렇습니다. 제가 말하는 자의식이란 고도로 발달한 자기 인식 수준을 뜻할 뿐 아니라 자기 생각을 미래로, 또한 과거로 투영할 수 있는 인간의 놀라운 힘을 의미합니다. 제가 알기로 영장류는 근-현재라 불리는 시간만을 살아갑니다. 침팬지는 자신이 막대기를 위로 던지면 바나나가 떨어질 수 있다는 것을 압니다. 그러나 침팬지는 한 곳에 앉아 십 년이나 이십 년 후 자신이 죽을 것이라는 사실을 곱씹으며 생각하지는 않습니다. 반면 인류는 자신이 언젠가 죽는다는 것을, 심지어 죽음이라는 사건이 한참 뒤에 일어난다고 할지라도 이를 인식하며 살아갑니다. 이렇듯 자의식 속에 담긴 힘이 어떻게 해서 출현했는지, 인류에 이르는 진화의 사슬 중

어디에서 처음 생겨났는지를 아는 것은 거의 불가능합니다. 그럼에도 불구하고 자의식이 생겼다는 것은 분명합니다. 짐작건대, 우리 조상들은 미래 시제를 사용할 수 있다는 것을 깨닫는 단일한 사건을 통해 일순간 이러한 힘을 얻게 된 것이 아니라 점진 과정을 통해 서서히 힘을 갖추게 되었을 것입니다. 이 과정에서 다른 동물이 갖고 있지 않은 또 다른 능력, 즉 신의 존재를 의식하는 능력(하느님의 형상imago dei의 형성)또한 동반 출현했을 거라고 저는 믿습니다. 그런데 오늘날 인류가 지니고 있는 독특한 능력들이 서로 영향을 주고받으며 출현하는 와중에 우리 조상들은 하느님의 극에서 멀어져 인간 자신의 극으로 돌아서게 되었습니다. 이 과정, 우리가 지금도 이어받고 있는 과정이 타락입니다. 창세기 3장에서 표현하는 강력한 이미지를 보면, 금지된 과실을 먹게 하려고 뱀이 하와에게 그 과실을 먹으면 "너희의 눈이 밝아지고, 하느님처럼 되어서, 선과 악을 알게 된다"(3:5)고 속삭입니다. 그러나 그녀가 그녀의 하느님과 같이 될 것이라는 말은 사실이 아닙니다. 타락은 실로 '위를 향한' 타락, 즉 앎을 얻는 것입니다. 그러나 이는 인간이 그렇게 함으로써 자신의 창조주와 동등해질 수 있다고, 그리하여 하느님에게서 독립해 살아갈 수 있을 것이라고 착각한 것입니다. 이러한 인간의 완전한 자주권 선언, '내 뜻대로' 할 수 있다는 주장이야말로 죄가 근본적으로 가리키는 바입니다. 우리가 창조주의 은총을 필요로 하는 피조물이라는 앎을 거부하는 것은 이후 인간이 지은 모든 죄와 그 죄 때문에 인간이 벌인 이기적이며 기만적인 행위들의 근원입니다. 우리의 삶이 망가진 것은 하느님의 은총 없이 완전히 홀로 설 수 있다는 잘못된 주장을 받아들인 결과입니다.

이렇게 하느님에게서 돌아선 행동이 세상에 생물학적 죽음을 끌어들인 것은 아닙니다. 인류가 등장하기 수백만 년 전에도 죽음은 존재했기 때문입니다. 하느님에게서 돌아섬으로써 우리는 '사멸성'mortality이라 부르는, 언젠가는 반드시 죽어서 썩고 사라지리라는 사실을 마주하게 됨에 따라 슬픔과 고통을 얻게 되었습니다. 자의식을 갖게 되면서 우리 조상들은 자신들이 언젠가 죽을 것이라는 사실을 오래 전에 깨달았습니다. 그들은 변함없이 신실하시며 죽음이라는 운명을 넘어서게 하는 희망의 유일하고 충분하며 참된 근거인 하느님에게서 그들 자신을 소외시켰고, 이러한 깨달음으로 인해 그들은 인생의 무상함과 마주쳤을 때 깊은 슬픔에 빠지고 말았습니다. 이러한 이해는 바울로가 로마인들에게 보낸 편지 5장에 담긴 신학적인 의미를 해석하는 데 하나의 실마리를 제공합니다. 이 편지에서 사도 바울로는 (꼭 바울로가 이해한 바를 빌지 않더라도 우리가 이해하기에도 인류 공통을 가리키는 상징이라 할 수 있는) 아담을 그리스도와 비교합니다. 바울로는 말합니다. "한 사람이 죄를 지어 이 세상에 죄가 들어왔고 죄는 또한 죽음을 불러들인 것같이 모든 사람이 죄를 지어 죽음이 온 인류에게 미치게 되었습니다."(12절) 그러나 "예수 그리스도 한 사람의 덕분으로 많은 사람이 풍성한 은총을 거저 받았습니다".(15절) 하느님에게서 소외된 인간은 사망, 곧 죽음이라는 고통을 얻게 되었습니다. 그러나 예수 그리스도의 속죄atonement, at-one-ment로 말미암아 인간과 하느님의 관계는 회복되었습니다. 인간성과 신성을 모두 가진 예수 그리스도의 삶 안에서 부서진 관계가 회복되었습니다.

타락을 이러한 방식으로 보게 되면 우리는 성서가 지닌 지속적인 힘, 곧 앎과 경험이 바뀌면 그에 맞추어 바뀌기 마련인 해석의 변화 중에도 유지되고 있는 힘을 분명하게 볼 수 있게 됩니다. 바울로는 동산에 있던 아담과 하와의 옛 신화를 활용해 그리스도인들이 그리스도의 구원의 능력을 체험했음을 밝힙니다. 우리 또한 같은 목적을 위해 현대 과학 지식에 비추어 그 본질적이며 핵심적인 의미는 보존한 채 이 이야기를 재해석할 수 있습니다. 바울로와 우리가 타락 이야기를 이해하는 방식에는 구체적인 내용에 있어 분명한 차이가 있습니다. 그러나 핵심은 여전히 동일합니다. 물론 오늘날에는 타락 이야기를 통해 성서를 해석할 때 초기 그리스도교 시대부터 수백 년 동안 이따금 행해 왔던 일부 방식은 배제합니다. 창세기 1장(1:10, 12, 18, 25, 31)에서 "좋았다"고 단호하게 선포한 창조세계에 우리를 당혹스럽게 하는 질병과 재난이 존재하는 문제를 두고 일부 교부들은 인간의 불순종이라는 죄가 본래는 완벽했던 창조 세계를 망가뜨리면서 땅에 들어온 저주 때문이라고 이해했으며 아담의 범죄 이후 이 세상에 죽음이 들어온 것은 그 명백한 예라 여겼습니다. 이러한 전략은 완전한 창조주가 창조한 세상이 철저히 불완전하다는 모순을 설명하기 위한 것이지만 오늘날 우리는 이러한 설명을 더는 받아들일 수 없습니다. 이에 관해 10장에서 우리는 악과 고통이라는 문제를 성서가 담고 있는 통찰과 연관 지어 다른 관점으로 접근해 볼 것입니다.

이 장에서 다룬 논의들이 성서에 담긴 고대의 종교적 지혜와 현대의 과학적 지식 양쪽에 담긴 통찰을 충분히 평가하고 그 둘의 조화를 이루는 데에 도움이 되기를 바랍니다. 이는 충분히 가능합니다. 성서는 시대의 흐름에도 변치 않는 의미만을 모아놓은, 쓸 수 없는 돈이 쌓인 계좌가 아니며 아무런 물음도 던지지 않고 액면 그대로 그 답을 받아들여야 하는 주장들의 모음집 또한 아닙니다. 성서는 새로운 진리와 통찰이 끊임없이 흐르는 살아 있는 샘입니다.

“

성서를 읽을 때 발생되는 물음에 다양한 해석자들은
다양한 답변을 내놓을 것입니다.
그리고 이러한 다양한 가능성은
그만큼 성서가 가진 모호함을 시사합니다.

”

4.

성서가 지닌 모호성

삶을 그림 융단이라 생각해 본다면 그 씨줄과 날줄은 단순한 흑과 백, 명백하게 나쁜 것과 명백하게 선한 것처럼 명료하게 선택할 수 있는 것들로만 이뤄져 있지 않습니다. 인간의 행위와 욕망은 모호하며 이는 삶이 흑백이 아니라 회색빛으로 이루어진 수많은 음영을 가지고 있음을 일러 줍니다. 삶에 대한 보편적인 진리는 성서에서도 마찬가지로 진리입니다. 성서를 정직하게 읽는다면 우리는 그 면면에 수많은 종류의 모호함이 나타남을 인정하게 될 것입니다.

창세기 22장에 나타나는 오싹한 이야기를 살펴봅시다. 족장으로서의 자질을 시험하기 위해 하느님은 아브라함에게 하나뿐인

아들 이사악(이삭)을 모리아 산에서 희생 제물로 바치라고 명령합니다. 이야기는 우리에게 그 장면을 보여 줍니다. 아버지와 아들 단둘이 말 한 마디 없이 모리아 산을 향해 걷습니다. 시간이 흐르자 정적을 깨고 어린 소년이 묻습니다. "번제로 바칠 어린 양은 어디 있나요?" 아버지는 대답합니다. 아마 이를 악문 채로 대답했을 것입니다. "하느님이 손수 마련하여 주실 것이다."(7~8절) 엄청난 파토스가 엄습해옵니다. 그의 후손들이 크게 번창해 위대한 민족을 이루고 모든 사람에게 복을 주게 될 것이라고 하느님이 여러 차례 약속했음에도 불구하고 도대체 왜 아브라함은 잔인하게도 자신이 사랑하는 하나뿐인 아들을 바치라는 부름을 받았을까요? 다행히 그러한 일이 실제로 벌어지지는 않았고, 이사악 대신 숫양이 희생 제물이 됩니다. 그러나 이 지독한 시험을 치르는 동안 소년과 그 아버지가 받은 고통은 비할 데 없이 가혹합니다. 의심할 여지 없이 이 이야기가 기록된 이유 중 하나는 당시 주변 국가들 사이에서는 흔히 일어나던 자식을 제사로 바치는 풍습이 하느님의 뜻이 아님을 이스라엘에 분명히 알리기 위함이었습니다. 그러나 이 점을 강조하기 위해서였다고 하기에는 이야기가 지나치게 기이하고 혹독합니다. 그리스도교 사상은 아케다עֲקֵידַת(아브라함이 이사악을 묶은 것에서 유래한 말로, 유대인들은 이 이야기를 그렇게 부릅니다)를 하느님의 아들 예수가 아버지의 뜻에 순종하여 십자가에서 죽은 사건의 전형(말하자면 상징적으로 예기된 사건)으로 여겼습니다. 하느님의 구원의 역사를 소재로 한 스테인드글라스 창들을 보면 두 사건이 긴밀한 관련이 있는 것으로 묘사한 경우가 많습니다. 두 사건을 묘사하는 이미지들은 미와 추, 풍족함과 부질없음, 기쁨과 슬픔이 함께 있는 세상의 모호성을 나타냅니다. 성서는 창조 세계가 가진 모호한 낯섦에 눈감도록 하는 손쉬운 경건함을 꾀하지도 않고, 그럼으로써 이와 같은 사실을 숨기려 하지도 않습니다. 악과 고통이라는 현실은 분명 신앙인들에게 곤혹스럽고도 괴로운 문제입니다. 그리스도교인에게 십자가는 이러한 신비에 심오하고 본질적인 통찰을 제공합니다. 골고타(골고다)의 어둠 속에서 십자가에 매달린 이, "나의 하느님, 나의 하느님, 어찌하여 나를 버리셨습니까?"(마태 27:46, 마르 15:34)라고 절규하는 이를 그리스도교는 역설적으로 하느님의 아들이라 고백합니다. 그리스도교가 믿는 신은 단지 아무런 위협이 없는 하늘에 앉아 창조 세계에서 일어나는 낯설고 쓰라린 일들을 연민 어린 시선으로 바라만 보는 관망자가 아닙니다. 그리스도교가 고백하는 하느님은 성육신한 그리스도 안에서 세상의 고통에 동참하며 함께 고난받는 분입니다. 하느님을 바라보는 방식을 정당화하는 문제, 곧 신정론theodicy에 관해서는 이후에 다루겠습니다.

족장 아브라함은 종교사에서 가장 위대한 인물 중 한 명입니다. 전 세계의 종교 전통 중 세 가지, 즉 유대교, 그리스도교, 그리고 이슬람교는 그를 자기 종교의 기반이 되는 중요한 인물로 봅니다. 그러나 성서는 아브라함을 도덕적으로 흠 없는 사람으로 그리지 않습니다. 비록 그는 하느님을 향한 믿음의 원형이지만, 하느님을 향한 아브라함의 신뢰는 때때로 연약하기 그지없습니다. 노년에 그는 아들을 낳게 되리라는 약속이 이루어지는 것을 기다리지 못하고 이집트 노예 출신 여인인 하갈을 통해 이스마엘을 낳습니다(창세 16:1~6). 또 아비멜렉이 자신의 아내 사라를 갖고자 하여 그를 죽이려 하자 그는 겁이 나서 사라를 여동생이라고 기만합니다.

이스라엘 열두 지파의 족장이 된 아브라함의 손자 야곱은, 형 에사오(에서)를 속여 장자권을 빼앗고 형이 받을 축복을 대신 받기 위해 아버지 이사악을 기만한 교활한 사람입니다(창세 25:29~34, 27:1~40). 성서 안에서 모호한 인물은 끝없이 등장합니다. 여기서는 한 가지 예만 더 들어도 충분할 것입니다.

다윗은 이스라엘 민족의 사상에서 상징적인 인물이며, 그의 왕국은 유대인 후손들이 되돌아가기를 애타게 바라는 황금시대로 언급될 때가 많습니다. 그러나 그 역시 도덕적으로 모호하기 짝이 없는 사람이었습니다. 바쎄바(밧세바)와 간통을 하고 음흉하게도 그녀의 남편 헷 사람 우리야를 살해한 이야기(2사무 11)는 이미 잘 알려져 있습니다. 이에 그치지 않고 그의 생애 말에도 추잡한 사건이 하나 있었습니다. 아들 압살롬이 모반을 일으켜 다윗이 피신했을 때, 사울 가문의 사람 시므이는 다윗을 저주했습니다. 모반이 진압되고 다윗이 귀환한 후 그는 시므이를 선처해 사면해 줍니다. 그러나 그 모욕감은 그의 마음을 떠나지 않았고 임종하기 전 다윗은 자신의 왕위를 이어받을 아들 솔로몬을 불러 가능한 한 빨리 시므이를 처형하라고 재촉합니다(1열왕 2:5~9). 이러한 행동은 더도 덜도 아니라 앙심 품은 늙은이의 보복입니다.

이와는 다른 모호성이 나타나는 경우도 있습니다. 구약과 신약성서는 천사를 자주 언급합니다. 영어로 '천사'angel라 번역되는 히브리어와 헬라어 단어의 의미는 모두 단순히 '소식을 전달하는 자'messenger입니다. 따라서 천사가 등장하는 구절들을 이해하는 방식에는 다양한 선택지가 있습니다. 과연 '천사'는 하늘의 전달자, 하느님이 보낸 순전한 영적 존재를 가리키는 말일까요?

아니면 단순히 메시지를 전달하는 인간을 가리키는 말일까요? 혹은 천사가 메시지를 전달한다는 이러한 이미지는 하느님이 선물로 주시는 깨달음을 고대 세계에서 당연시했던 상징적인 방법으로 의인화한 것일까요? 다양한 구절들은 이렇듯 다양한 방식으로 해석할 수 있으며, 사람들은 어떠한 해석이 적절한지를 각기 달리 판단할 것입니다.

성서에 등장하는 기적 이야기를 어떻게 이해할 것인가의 문제 역시 이러한 모호성과 관련이 있습니다. 저는 앞으로 신약성서에 나오는 많은 기적 이야기, 예수가 행한 수많은 치유, 무엇보다도 그리스도의 기적적인 부활이 역사 속에서 실제로 벌어진 일들에 근거하고 있다는 저 자신의 믿음을 변호할 것입니다. 그러나 모든 기적 이야기가 반드시 참일까요? 갈릴래아(갈릴리) 가나에서 물이 포도주로 바뀐 유명한 기적 이야기를 예로 들어봅시다(요한 2:1~11). 이 이야기를 평범한 텍스트로 간주하고 읽는다면 이는 한 집단이 겪은 상대적으로 사소한 곤란에 대해 터무니없는 과잉 반응을 한 것으로 읽을 수 있습니다. 혼인 잔치에서 실제로 포도주가 동났을 수도 있습니다. 그러나 혼인 잔치에 초대된 이들은 이미 충분한 양의 음료를 마셨습니다. 이러한 상황에서 새 포도주를 570리터나 만들어 내는 기적을 일으킨다면 그

것은 과한 일이 아닐까요? 그러나 저자는 사건의 표면적 의미 아래 더욱 심오하고 중요한 것들을 전달하기 위해 이 이야기를 고안했습니다. 요한은 이를 "표징"이라 부르며, 여기서 표징은 예수의 현존이 맹물을 기쁨의 포도주로 바꾸는 것에 견줄 수 있을 정도로 무언가를 변혁하는 힘을 가지고 있음을 보여주는 역할을 합니다. "유대인의 정결 예식을 위한" 여섯 개의 돌 항아리에 담긴 물은 이야기가 지닌 상징적 역할을 암시하는 것으로 보입니다. 항아리에 담긴 물에 관한 언급이 이 이야기의 본질적 메시지라면 이는 그리스도 안에서 복음을 통해 얻게 될 자유가 유대교 율법의 예식을 대체할 것이라는 의미일까요? 아니면 그러한 장치는 일어난 사건인 것처럼 복음서에 포함된 그 이야기가 실은 상징적 서사임을 암시하는 것일까요? 이러한 물음에 다양한 해석자들은 다양한 답변을 내놓을 것입니다. 그리고 이러한 다양한 가능성은 그만큼 성서가 가진 모호함을 시사합니다.

복음서에는 인물의 모호성뿐만 아니라 또 다른 종류의 모호성, 즉 상황의 모호성이 존재합니다. 삶에는 하나의 이상적인 선택만 존재하지 않을 때가 많습니다. 또한, 우리가 할 수 있는 모든 행동은 필연적으로 그 안에 다양한 종류의 그늘진 면을 가지고 있습니다. 우리가 어떠한 결정을 할 때 그 결정은 검은색과

흰색 중 하나를 고르는 것처럼 어떠한 모호함도 없는 선택이 아닙니다. 그저 우리는 그 선택에 담긴 회색빛의 어두운 그림자를 최대한 피하려 애쓸 뿐입니다. 참인간이었던 예수의 삶 역시 이러한 혼란스러운 결정의 순간에서 자유롭지 않았습니다. 쉴 새 없이 진행되던 공생애 와중에 예수의 어머니와 형제들이 그를 만나러 왔습니다. 가족들은 예수가 사람들에게 위험인물로 악명을 얻고 있다는 점을 걱정했기에 그를 설득하여 그가 평온하고 안전한 가정의 삶으로 돌아오기를 희망했을 것입니다. 예수도 분명 유대인들이 가족 간에 책임을 다하고 애정을 쏟아야 한다는 의무를 그토록 중요하게 여겼다는 것을 잘 알고 있었을 것입니다. 그러나 그는 자신이 다른 곳에, 곧 하늘 아버지의 뜻을 이루는 데에 충성해야 한다는 것 또한 잘 알고 있었습니다. 결국, 그는 자신의 가족들을 냉대하여 상처를 줍니다. 이는 분명 예수의 가족들이 자신들이 보기에 위험천만하기 그지없는 예수의 사역을 막으려 했기 때문입니다.* 밖에서 가족들이 자신을 부르고 있다는 말을 들었을 때, 예수는 단호하게 말합니다.

---

* 예수의 가족들이, 예수가 미쳤다는 소문을 듣고서, 그를 붙잡으러 나섰다. (마르 3:21)

> 누가 내 어머니이며, 내 형제들이냐? … 누구든지 하느님의 뜻을 행하는 사람이 곧 내 형제요 자매요 어머니다. (마르 3:33~35)

또 다른 예를 살펴봅시다. 예수가 이방인의 지역인 띠로(두로)에 있었을 때입니다(마태 15:21~28). 아마도 그는 이런저런 요구가 많은 자신의 사역에서 잠시 벗어나 쉬고자 했던 것 같습니다. 그는 자신이 그곳에 있다는 사실을 다른 사람들에게 알리고 싶지 않았습니다. 그때까지 예수는 자신의 사역을 "길 잃은 양과 같은 이스라엘 백성"에 집중해야 한다고 느꼈습니다. 그런 와중에 병든 딸을 둔 이방인 여자가 그를 찾아내 도움을 요청합니다. 처음에는 내키지 않았던 예수는 그녀에게 가혹하게 대답합니다. "자녀들의 빵을 집어서, 개들에게 던져 주는 것은 옳지 않다." 그러자 그 여자는 재치 있게 받아칩니다. "주님, 그렇습니다. 그러나 개들도 주인의 상에서 떨어지는 부스러기는 얻어먹습니다." 예수는 설득당했고 그녀의 딸은 나았습니다. 언뜻 보기에 이 이야기는 다른 이들의 필요 앞에 연민 가득히 응답하는 삶을 산 한 사람에 대한 문제적인 이야기로 보입니다. 그러나 분명히 예수는 자신에게 꼭 필요했던 휴식을 취하느냐와 다른 이들을 치유하기 위한 사역을 좀 더 하느냐라는 모호한 선택을 두고 씨름했습니다. 그뿐 아니라 예수 자신이 유대인들에게 보내졌기에 유대인들을 위해 활동을 더 집중해야 할 것인지를 두고도 고민했습니다. 이러한 인간적인 고민 가운데 이방인 여자의 대담한 반응은 예수가 무엇을 해야 할지를 결정하는 데 도움을 주었고 그는 그 도움을 기꺼이 받아들였습니다.

앞서 우리는 성서의 가장 큰 모호성, 곧 성서 안에서 발견되는 갈등과 폭력의 이야기들에 관심을 쏟았습니다. 이러한 이야기들 대부분은 구약에 나오지만, 신약성서에도 그러한 기록이 아예 없는 것은 아닙니다. 폭력적인 상징 언어들이 산재해 있는 요한의 묵시록뿐 아니라 다른 곳에서도 우리를 불안하게 하는 사건이 등장합니다. 그중 하나는 아나니아와 삽피라(삽비라) 이야기입니다(사도 5:1~11). 이 부부는 자신들이 가진 소유를 팔아 그 이익 모두를 예루살렘 교회의 공동체 생활을 지원하는 데에 기부한 척했습니다. 실은 개인적으로 쓰기 위해 돈의 일부를 떼어 놓았음에도 말입니다. 베드로는 이를 알아차렸고, 이에 상응하는 하느님의 벌이 두 사람에게 내립니다. 그들이 베드로에게 거짓말을 하려 했을 때 그들은 연이어 죽음을 맞이합니다. 이 부부의 행동이 정직하지 않았음은 명백합니다. 그러나 그들에게 내린 끔찍한 형벌은 저지른 죄에 비해 가혹해 보입니다.

가리옷 유다(가룟 유다)라는 인물에게서는 또 다른 종류의 모호성이 발견됩니다. 그는 예수의 열두 제자 중 한 사람으로 선택되었지만, 마지막에는 예수를 적대하는 권력자들에게 그를 넘겼습니다. 많은 그리스도교인은 유다를 처음부터 완전한 악인으로 봅니다. 마치 그가 악마의 화신이라도 되는 것처럼 말입니다. 그러나 예수가 유다를 제자로 택했다는 점을 생각해 보면 이러한 생각은 신뢰할 만하지 않습니다. 예수를 소재로 도로시 세이어즈Dorothy Sayers가 쓴 연작 희곡 「왕이 되기 위해 태어난 인간」The Man Born to be King은 유다라는 인물을 해석하는 데에 도움이 될 것입니다. 그녀는 유다가 베드로와 마찬가지로 예수가 점령국 로마의 힘을 꺾어 줄 전투적인 메시아가 되려하는 것이 아니라 고난의 길을 받아들여 십자가에 못 박힌 메시아가 되려 한다는 점을 받아들이기 어려워했다고 말합니다(마르 8:31~33). 베드로는 결국 예수의 뜻을 받아들였지만, 유다는 그럴 수 없었습니다. 세이어즈의 제안에 따르면 유다가 예수를 기득권층에 넘기는 일에 휘말린 이유는 이렇게 해서라도 자기 스승의 손을 강제해 "열두 군단도 넘는 천사"(마태 26:53)를 불러 로마제국을 꺾기를 희망했기 때문입니다. 이후 그는 자신이 끔찍한 실수를 저질렀음을 깨닫게 되었고 양심의 가책과 절망에 빠져 자살하고 맙니다.

복음서 밖에서도 우리는 인간의 불완전함으로 인한 모호성을 엿볼 수 있습니다. 바울로가 그 좋은 예입니다. 로마인들에게 보내는 편지에서 그는 자신의 도덕적 갈등을 감동적인 문체로 숨김없이 이야기합니다.

> 여기에서 나는 법칙 하나를 발견하였습니다. 곧 나는 선을 행하려고 하는데, 그러한 나에게 악이 붙어 있다는 것입니다. … 나는 비참한 사람입니다! 누가 이 죽음의 몸에서 나를 건져 주겠습니까? 우리 주 예수 그리스도를 통하여 나를 건져 주신 하느님께 감사를 드립니다. (로마 7:21, 24~25)

한편 바울로의 약점이 분명하게 드러나는 지점은 그가 자신의 가치를 알아주기를 갈망했다는 것, 또한 사도로서의 권위를 인정받기를 바랐다는 것입니다. 고린토인들에게 보낸 둘째 편지(고린도후서)에서 그는 탁월한 신학적 통찰이 담긴 이야기를 전하는 와중에도 자신을 인정해 달라고 사람들에게 간청합니다.

> 우리가 이렇게 말하는 것이 우리 자신을 치켜올리는 말을 늘어 놓는 것입니까? 아니면, 어떤 사람들처럼, 우리가, 여러분에게 보일 추천장

이나 여러분이 주는 추천장을 필요로 하는 사람들이겠습니까?

(2고린 3:1)

주님은 영이십니다. 주님의 영이 계신 곳에는 자유가 있습니다.

(2고린 3:17)

이러한 모호성은 오늘날 교회에서도 발견되고 있습니다.

“

히브리 성서는 예수와 초기 그리스도교인의 생각에
스며들어 있던 경전이었습니다.
특정한 시대, 특정한 문화에서 나왔기에
오늘날 우리에게 낯설게 다가오지만,
그 안에 가득한 풍성함은 변치 않습니다.

”

5.

구약,
이스라엘의 경전

그리스도교에서 '구약'이라 부르는 히브리 성서는 이스라엘의 경전이기도 합니다. 앞서 우리는 구약성서에서 신화가 중요한 역할을 맡고 있으며 이 신화를 통해 그 안에 담긴 심오한 진리가 상징적인 이야기의 형태로 전달되었음을 살핀 바 있습니다. 그러나 역사, 곧 실제로 일어난 일들에 관한 이야기 역시 신화 못지 않게 중요한 역할을 합니다. 하느님이 당신이 택한 민족과 특별한 관계를 맺음으로써 당신의 거룩한 본성을 드러내기로 하셨다면, 그 민족의 실제 역사를 아는 것은 중요한 일임이 틀림없습니다. 성서는 상징적인 이야기를 담은 책 이상의 책입니다.

히브리 성서에 담긴 역사적 내용을 확인하고 평가하는 것은 학술적인 논쟁을 포함하는 복잡한 문제입니다. 게다가 학문의 세계는 유행의 흐름에서 자유롭지 않습니다. 오늘날 학계에는 포로기 이후, 즉 유대인들이 바빌론에서 돌아온 후 페르시아의 영향 아래 진행된 히브리 정경 편집 과정의 역할에 커다란 강조점을 두는 경향이 있습니다. 우리는 바로 이때 히브리 성서가 오늘날 우리가 가지고 있는 최종 형태로 편집되었다고 생각합니다. 물론 이러한 편집의 과정은 매우 중요했습니다. 그러나 편집자들이 이 작업을 할 때 이스라엘 민족의 역사 속에서 수 세기 동안 만들어진 방대한 자료를 이용했다는 것은 믿지 않는 편이 더 어렵습니다. 이 자료들에는 이스라엘 민족이 겪어 온 사건들이 기록되어 있었기에, 편집자들은 이를 다룰 때 진지한 자세로 존중하며 다뤄야 했습니다. 성서 본문의 최종 형태에서도 여전히 이러한 자료들의 흔적은 분명하게 드러납니다.

일례로, 창세기 14장에 나오는 고대 왕 다섯 대對 넷의 전투 이야기를 봅시다. 아브라함은 조카 롯이 사로잡히는 바람에 이 싸움의 여파에 휘말리게 됩니다. 이후 아브라함은 신비로운 살렘 왕 멜기세덱과 마주치는데, 먼 훗날 히브리인들에게 보낸 편지(히브리서)를 기록한 신원을 알 수 없는 작가는 이 멜기세덱으로

부터 그리스도를 가리키는 강력한 상징을 이끌어 낼 것입니다(히브인들에게 보낸 편지 5, 7장). 이 이야기 속에 남아 있는 (이를테면 그돌라오멜 같은) 고대 가나안 왕들의 이름이 모두 낯설어서 오늘날 교회에서 창세기 14장을 읽는 것은 악몽과 같은 일입니다. 그러나 여기에는 개인의 신원을 알려 주는 정보가 풍부하게 담겨 있으며 이는 이 장이 고대에 만들어진 텍스트에서 유래한 것임을 알려 줍니다.

또 다른 예로 여호수아 사후부터 사울과 다윗 치하의 왕국이 형성되기 전까지 이스라엘에서 일어난 일들을 다룬 이야기인 판관기(사사기)를 살펴봅시다. 이 책은 이스라엘이 자신을 위협하던 이웃 부족과의 격전을 치른 시기 후 "땅이 평온한" 평화로운 40년이 이어진다는 정형화된 구조로 되어 있습니다. 판관기에는 원시적인 야만 행위도 담겨 있습니다. 야엘이 시스라를 살해한 일(4장), 아비멜렉에 관한 피비린내 나는 이야기(9장), 입다가 경솔한 맹세로 자신의 딸을 희생제물로 바친 일(11장), 호기로운 장사 삼손에 대한 극히 양면적인 묘사(13~16장)가 그렇습니다. 이렇듯 야만성이 드러나는 이야기는 격동하는 고대 사회에서 벌어진 사건에는 잘 부합하지만, 후대에 차분한 반성을 통해 만들어진 것으로 보기는 어렵습니다.

사무엘하 13장에서 열왕기상 2장까지 이어지는 '왕위 계승 이야기'는 앞의 이야기들과는 약간 다릅니다. 여기 이 이야기는 압살롬의 반란과 이후 늙은 왕 다윗의 궁정에서 벌어진 음모, 이에 대한 반격을 흥미진진하게 전합니다. 그리고 마침내 다윗의 아들 솔로몬을 이스라엘의 다음 통치자로 옹립하는 것으로 끝이 납니다. 여기서 그리고 있는 정치적 권모술수는 그 세부적인 내용 면에서 신빙성이 있어 그 이야기를 읽을 때면 본질적으로 왕좌를 두고 일어난 경쟁을 동시대에서 바라보고 서술한 것처럼 느껴집니다. 헤로도토스보다 5세기 앞서서, 정치적이면서도 역사적인 서술에 대한 실제적인 면을 제공하고 있는 것입니다.

이집트 탈출(출애굽)과 같이 원형적인 사건의 경우 후대에 얼마만큼 이야기가 정교하게 다듬어졌는지, 얼마만큼 전설이 첨가되었는지 그 역사적 사실을 가려내는 작업은 앞에서 언급한 이야기들보다 훨씬 더 까다롭고 어렵습니다. 이 이야기의 기초가 되는 주제들이 이후 다양한 손길을 거쳤고 그 안에 계속된 반성을 담아냈기 때문입니다. 그러나 저는 이러한 이야기들이 그저 지어낸 것에 불과하다고 생각지 않습니다. 비록 그 상세한 내용이 발전하고 확장되는 과정을 거쳤다 하더라도 그 안에는 분명 일정한 역사적 의미가 담겨 있습니다. 다시 한 번 우리는 최종 편집자들이 자료들을 원만하게 조화를 이루려는 유혹에 굴복하지 않고 각기 다른 요소들을 나란히 두었음을 발견합니다. 출애굽기 14장에는 주님이 모세에게 홍해의 물을 가르도록 그의 손을 뻗으라 명령하시고, "밤새도록 거센 바람을 일으켜 바닷물을 뒤로 밀어붙여"(14:21) 바다를 말리는 장면이 나옵니다. 자연을 수단 삼아 뜻을 성취하는 이 장면은 매우 흥미진진합니다. 재료과학자 험프리스Colin Humphreys는 출애굽기에 등장한 '기적들'이 하느님의 섭리로 때맞춰 일어났다고 묘사하고 있기는 하지만 어떻게 그 모두가 자연을 빌려 설명하는지에 관한 흥미로운 의견을 펼쳤습니다. 그는 '홍해'Red Sea가 광활한 습지, 즉 '갈대 바다'Reed Sea였다고 주장하며(실제로 출애굽기에서 홍해를 가리키는 히브리 단어는 갈대 바다를 의미하는 데에 사용됩니다), 시나이 산에서 일어난 극적인 사건(출애 19:18~19)을 그리스도교 전통에서 보듯 거룩한 산에서 일어난 것으로 보는 것이 아니라 아라비아 반도 북부에서 일어났던 화산 폭발과 동일시합니다.

다른 고대 근동 연대기들에 나타난 이스라엘에 관한 언급을 바탕으로 히브리 성서의 역사성을 확인하고자 한다면, 우리는 히브리 성서가 철저히 이스라엘의 관점에서 기록되었음을 기억할 필요가 있습니다. 이스라엘 민족에게 솔로몬은 국제적인 명성을 떨친 왕궁으로 널리 알려진 위대한 왕이었지만, 고대 세계의 보편적인 관점에서 이스라엘은 이집트, 아시리아, 바빌로니아와 같은 국제 무대의 진정한 주역이었던 열강들 사이에 끼인 자그마한 나라에 불과했습니다. 열강들은 주의를 기울여 이스라엘 역사에 등장하는 사건들을 기록할 필요가 없었습니다. 우리가 과거로 거슬러 올라가 고대 이스라엘을 살피는 것의 의미는 과거 이스라엘이 우리에게 물려준 종교적 유산에서 나오지 고대 근동에서 이스라엘이 가졌던 지정학적 입지에서 나오지 않습니다. 세속적인 관점에서 볼 때, 이스라엘은 분명 그 중요성에 비해 부풀려진 채 평가되어 왔습니다. 과도하게 큰 숫자들을 사용해 그 역사를 온통 뒤덮어 버리는 것 역시 성서가 과장과 부풀림을 활용하는 한 가지 방법이었습니다. 이집트 탈출에 참여한 사람들의 수(민수기 1장)나, 족장 시대 사람들의 믿을 수 없을 만큼 긴 수명이 그 단적인 예입니다.

유대교 사상은 자신들의 성서를 율법서, 예언서, 성문서의 세 부분으로 나눕니다. 율법서Torah는 히브리 성서의 처음 다섯 권의 책인 오경에 담겨 있는데, 이를 '모세의 책'이라고도 부릅니다. 오경은 몇 가지 법전을 포함하고 있는데, 언약의 책(출애굽기 20~23장)을 그중 가장 오래된 것으로 봅니다. 언약의 책은 이스라엘과 주님이 시나이 산에서 맺은 언약과 관련이 있으며 그 안에 십계명이 들어 있습니다. 이 법전은 부모를 때리거나 저주하는 자에게 사형을 선고하는 등 일부 원시적이며 가혹한 명령들을 담고 있지만, 자비를 행하고 연민의 마음으로 돌보라는 명령 또한 담고 있습니다. 히브리인을 노예로 둔 주인들은 그들을 6년 이상 부릴 수 없고(21:2), 신체를 학대했을 때에는 그들을 내보내야 합니다(21:26~27). 또한 가난한 사람들을 대할 때는 정중해야 합니다.

> 너희가 정녕 너희 이웃에게서 겉옷을 담보로 잡거든, 해가 지기 전에 그에게 돌려주어야 한다. 그가 덮을 것이라고는 오직 그것뿐이다.
>
> (출애 22:26~27)

비록 많은 명령이 히브리 공동체의 내부 구성원들을 돌보는 데에 국한되어 있지만 "너희는 너희에게 몸붙여 사는 나그네를 억압해서는 안 된다. 너희도 이집트 땅에서 나그네로 몸붙여 살았으니, 나그네의 설움을 잘 알 것이다"(23:9)와 같은 명령도 있습니다. 심지어 원수들조차 올바르게 대우하라는 명령도 있습니다.

너희는 원수의 소나 나귀가 길을 잃고 헤매는 것을 보거든,
반드시 그것을 임자에게 돌려주어야 한다. (출애 23:4)

널리 알려진 "너의 이웃을 네 몸처럼 사랑하라"(레위 19:18)는 명령은 성결법이라 불리며 이는 율법서를 이루는 지층 중 후대에 형성된 자료에 바탕을 두고 있습니다. 그러나 이러한 태도의 맹아는 초기 본문에서도 발견됩니다.

히브리 성서 중 예언서에는 우리가 흔히 예언자들의 책으로 알고 있는 이사야서와 예레미야서 같은 것들뿐 아니라 이른바 '전기 예언서', 즉 여호수아서부터 열왕기에 이르는 책들까지 포함됩니다. 전기 예언서로 분류되는 책들이 엘리야나 엘리사와 같은 예언자들의 활동을 담고 있기는 하지만, 이 책들의 공통점은 이를 읽는 오늘날의 사람들이 자신을 역사 이야기 속의 존재로 느끼게 한다는 점에 있습니다. 이러한 광범위한 자료들을 예언이라는 범주 아래 둔 것은 이스라엘 민족이 볼 때 하느님의 뜻은 심판과 희망에 대한 분명한 선포뿐 아니라 역사적인 사건을 통해서도 드러난다는 것을 알리고자 한 것으로 보입니다.

전기 예언자들의 책들 다음에 나오는 '문서 예언자들'의 책들은 풍성하며 복잡한 내용을 담고 있습니다. 고대 세계는 오늘날

우리처럼 한 사람의 이름으로 기록된 작품을 볼 때 그가 누구인지, 또 실제로 그가 이 책을 썼는지에 별다른 관심을 두지 않았습니다. 그 결과, 한 사람의 이름으로 지은 책이라 해도 최초 저자에게서 유래한 자료뿐 아니라 같은 전통 안에서 작업한 후대 사람들의 자료들이 포함된 경우가 상당히 많습니다. 이사야서는 이를 눈에 띄게 분명한 방식으로 보여 줍니다. 학자들은 이사야서가 크게 세 개의 자료로 구분된다는 것을 발견했습니다. 이 셋은 각기 다른 시대, 다른 정황에서 유래했습니다. 이사야서 1~39장은 '제1 이사야'로, 주로 주전 8세기 예루살렘에서 활동했던 한 예언자와 관련되어 있습니다. 40~55장은 '제2 이사야'의 메시지를 담고 있는데, 포로기에 살았던 이 예언자는 세상을 회복하고 새로운 질서를 가져올 하느님의 지속적인 활동에 관해 강한 확신을 담아 말합니다. 56~66장은 '제3 이사야'로, 포로기 이후의 희망과 공포에 초점을 맞춥니다. 세심한 독자라면 번역된 성서로 공부하더라도 이러한 차이를 발견할 수 있을 것입니다.

문서 예언자들보다 앞서 활동한 전기 예언자들은 대부분 궁정의 정황 안에서 활동했으며 왕이 벌인 정치적이며 종교적인 정책에 경고를 던지는 데에 관심했던 것으로 보입니다. 이와 달리 후기의 예언자들, 곧 문서 예언자들은 자신들의 메시지를 이전보다 광범위하게 온 민족에게 전하며 심판이 닥쳐 모든 것에 재앙을 내릴 것이라고 경고합니다. 문서 예언자들은 온 나라가 주님을 저버리고 가나안 종교의 잘못된 신들을 따르는 배교 행위를 반복하는 것을 규탄합니다. 그들은 가난한 자와 연약한 자를 착취하는 행위를 담대하게 고발합니다. 하느님의 사자로서 이 예언자들은 "그러므로 주님께서 말씀하시기를…"이라고 말하고 또 선포합니다. 히브리 성서의 문서 예언자 중에서도 특히 중요한 세 인물은 이사야, 예레미야, 그리고 에제키엘입니다(이 세 사람의 책을 대예언서Major Prophets라 부릅니다). 이 예언자들의 책에는 그들이 예언자로 소명을 갖도록 부름받은 사건들을 다룬 그들만의 이야기가 있습니다.

이사야는 널리 알려진 환상, 곧 성전에서 "드높은 보좌에 앉아 계시는 주님을" 보는 경험을 통해 하느님의 부름을 받았습니다(이사야 6장 1절). 여기서 예언자는 거룩한 현존 앞에서 자신의 하찮음을 깨닫고 맥을 추지 못합니다. 그러나 천사가 상징적인 정화 의식을 행하고 나서 하느님이 "내가 누구를 보낼까? 누가 우리를 대신하여 갈 것인가?"라고 물으셨을 때, 그는 "제가 여기에 있습니다. 저를 보내어 주십시오"라고 답할 수 있게 됩니다.

곧장 그는 "듣기는 늘 듣지만 깨닫지 못하는, 그리고 보기는 늘 보지만 알지는 못하는"(6:8~9) 이스라엘의 무관심한 사람들에게 가도록 임명됩니다.

예레미야는 하느님의 부름을 받았을 때 받아들이기를 주저합니다. "주 나의 하느님, 저는 말을 잘할 줄 모릅니다. 저는 아직 너무나 어립니다." 그러나 주님은 이렇게 말씀하십니다. "내가 너를 누구에게 보내든지 너는 그에게로 가고, 내가 너에게 무슨 명을 내리든지 너는 그대로 말하여라."(예레 1:6~7) 예레미야는 원치도 않은 소명 때문에 가장 많은 고통을 당한 예언사입니다. "어찌하여 저의 고통은 그치지 않습니까? 어찌하여 저의 상처는 낫지 않습니까?"(예레 15:18, 20:7~18의 격렬한 저항도 함께 보십시오) 예레미야서는 어떻게 예레미야가 박해를 받게 되었는지를 길게 설명합니다. 그가 박해를 받은 이유란 이집트는 성을 에워싸고 있는 바빌로니아 군대에게서 예루살렘을 구해 내지 못할 것이며, 유다 왕은 기회가 있을 때 느부갓네살과 자신이 할 수 있는 최선을 다해 협상해야 할 것이라는, 환영받지 못할 메시지를 선포했기 때문이었습니다. 이러한 패배주의적인 메시지로 인해 그는 감옥에 갇히고 죽을 위기에 처합니다(예레 34~39장). 모순의 절정은 유다의 패망 이후에 나타납니다. 그 땅에 남은 일부 유대인들이 그를 강제로 이집트로 끌고 가는데, 그곳은 바로 그가 신뢰하지 말아야 한다고 경고해 온 나라였습니다.

에제키엘서는 대예언서 중에서도 여러모로 특이한 책입니다. 이 책은 강력한 환상과 기이한 상징적 행위들로 가득합니다(이 때문에 어떤 이들은 에제키엘이 정신분열증 환자였으며 하느님이 특별한 목적을 위해 그의 이 특별한 정황을 활용하셨을 것으로 추측하기도 합니다). 이런 에제키엘은 포로기에 바빌로니아에서 살았으며 그발 강가에서 본 환상에 압도당함으로써 하느님의 부름을 받습니다(에제 1장). 불타는 마차가 낯선 생물 넷과 함께 나타났고, 그 위로 "청옥처럼 보이는 보석으로 만든 보좌 형상을 한 것이 있었고, 그 보좌 형상 위에는 사람의 모습과 비슷한 형상이 있었습니다. … 그것은 주님의 영광이 나타난 모양과 같았습니다"(에제 1:26, 28). 쓰러져 땅에 엎드린 에제키엘에게 하느님은 일어나라 명령하셨고, 하느님께 반역하는 이스라엘 민족에게 그를 하느님의 전령으로 보내셨습니다.

에제키엘서에서 발견되는 강렬한 이미지들은 분명 신약성서의 묵시록에 영향을 주었습니다. 그러나 그리스도교 사상에 가장 많은 영향을 끼친 예언자는 의심할 여지 없이 제2 이사야입니다. 교회에서 그리스도, 곧 십자가에 달리신 메시아를 예시하는 것으로 이해되어 온 종의 노래는 앞에서 이미 살핀 바 있습니다. 덧붙이자면 제2 이사야는 새로운 방식으로 행하시는 하느님의 자유를 강조합니다.

> 너희는 지나간 일을 기억하려고 하지 말며, 옛일을 생각하지 말아라. 내가 이제 새 일을 하려고 한다. 이 일이 이미 드러나고 있는데, 너희가 그것을 알지 못하겠느냐?(이사 43:18~19)

초대교회는 이 지점에서 하느님이 예수 그리스도의 삶, 죽음, 그리고 부활 안에서 행하신 위대한 새 일을 예견하지 않을 수 없었습니다.

사람들은 때로 예언자들이 미래에 대해 말하는 것이 아니라 미래를 향해 말하는 것이라고 주장합니다. 이러한 주장은 타당합니다. 예언자들은 미래에 이루어질 역사를 영화 속의 한 장면처럼 미리 들여다본 것이 아니라 역사가 어떻게 움직이는지 바라볼 수 있는 눈을 얻어 이를 바탕으로 하느님에 대한 불순종이 일으킬 결과를 알리고 하느님의 뜻에 따르며 헌신하는 이들에게는 구속의 약속을 전합니다. 느부갓네살에게 항복하라고 말하며 예레미야가 시드기야 왕에게 보여준 것은 성전이 불타는 미래 사건에 대한 예고편이 아니었습니다. 오히려 예레미야는 이집트가 왕의 나라를 구원하지 못할 것이며 바빌론에 계속 저항하면 국가적인 재앙만이 일어난다는 것을 깨닫도록 알려주었습니다. 예언자들의 메시지가 오늘날 우리에게까지 생명력 있게 다가오는 것은 하느님의 의도와 그 의도에 뒤따르는 하느님의 심판, 구속에 대한 보편적인 이해를 전하고 있기 때문입니다.

히브리 성서 세 번째 부분인 성문서는, 당연한 이야기이지만 다양한 성격의 책들을 포함하고 있습니다. 성문서에 포함된 많은 자료는 그 영적 권위와 가치를 인정받았지만, 그것이 율법서나 예언서에서 이야기하는 것에 꼭 들어맞지는 않아 보입니다. 앞서 우리는 잠언과 욥기와 같은 지혜문학을 살펴보았습니다. 히브리 성서에서 성문서로 분류되는 책 중 하나인 다니엘서는, 그리스도교 성서에서는 예언서에 속해 있습니다. 그러나 다니엘서는 문체나 내용에 있어 다른 예언문학과는 분명하게 다르며, 일부만 히브리어로 기록되었을 뿐 나머지는 예수 시대 팔레스타인에서 일상 언어로 쓰던 아람어로 기록되었습니다. 오늘날 우리에게 전해진 형태로 보건대 다니엘서는 알렉산더 대왕의 후계자들이 유대 지방을 통치하며 그리스 종교의 풍습을 유대인들에게 도입하려 한 주전 2세기에 편집되었습니다. 잘못된 판단에 근거한 이러한 시도는 유다 마카비 가문이 봉기를 일으킨 원인이 되었습니다. 다니엘서의 첫 번째 부분(2~6장)은 사자 굴과 활활 불타는 용광로 이야기와 같은, 유대인 독자들에게 이교도들의 박해 앞에서 하느님을 붙들도록 용기를 주기 위한 이야기들로 이뤄져 있습니다. 두 번째 부분(7~12장)은 이와는 다른 특징을 보이고 있는데 바로 환상에 관한 이야기입니다. 환상은 묵시apocalyptic라고 불리는 형식과 관련되어 있습니다. 묵시는 '베일을 벗는다'는 뜻이 있으며 천상의 진리가 있는 특별한 영역으로 다가가는 과정 속에서 얻는 역사의 미래, 역사 너머에 관한 동살을 주장하는 것을 그 특징으로 합니다. 가장 유명한 환상은 7장에 나타나는데 여기서 다니엘은 신비로운 인물인 인자the Son of Man를 봅니다. 인자는 "태곳적부터 계신 이"the Ancient of Days이며 "주권과 영화와 나라가 그에게 맡겨지고 인종과 말이 다른 뭇 백성들의 섬김을" 받게 됩니다(7:13~14). 사복음서는 모두 인자가 예수를 지칭하는 것으로 묘사하고 있습니다. 때로는 인자가 하느님의 권위와 심판을 상징하는 인물로 그려지기도 하지만, 대체로 인자는 예수와 동일시됩니다. 이러한 표현에 어떠한 중요성이 있는지를 놓고 학문의 영역에서 상당한 논쟁이 일어났으며 "사람의 아들"이라는 어구가 영어나 헬라어로 읽을 때와는 달리

셈어에서는 '인간'을 가리키는 일상적인 표현이었다는 사실이 드러남에 따라 논쟁은 더욱 복잡해졌습니다. 그러나 이 문제는 이 책에서 상세하게 다룰 만한 것은 아니고 이에 관해서는 '더 읽어 볼 책' 장에서 제가 참고했던 책들을 소개하겠습니다.

성문서 중에서 가장 오래되었으며 가장 중요한 책은 시편입니다. 예루살렘 성전에서 행한 제의에서 기원한 이 책은 최소 2,500년 전부터 유대인과 그리스도교인 모두가 전례를 치름에 있어 중요한 가치를 지닌 자료였으며 지금도 그러합니다. 이 책에 수록된 시들에서 발견되는 영적인 경험과 폭넓은 표현은 그 어떤 성가집에서 발견되는 것보다 탁월합니다. 시편의 시인들은 매우 솔직하고도 정직하게 시를 썼습니다. 그들은 선하신 하느님 안에서 기뻐하되 시련과 고통을 겪을 때는 하느님께 항의하기를 겁내지 않았습니다. 시편 44편은 심지어 하느님께 깨어나시라고, 이스라엘이 무슨 일을 겪고 있는지 관심을 가져 달라고 말합니다.

> 주님, 깨어나십시오. 어찌하여 주무시고 계십니까?
> 깨어나셔서, 영원히 나를 버리지 말아 주십시오. (23절)

영적으로 진술한 이 표현들에는 삶의 모호함에 관한 통찰이 담겨 있으며, 저는 바로 이 점이 시편에 수록된 시들이 시간이 흐르는 와중에도 그 힘을 잃지 않고 지속적인 영향력을 행사한 중요한 요인이라고 생각합니다.

시편에는 창조 세계의 선함에 관한 찬가(예를 들면 시편 104편), 구속에 관한 찬가(시편 114편), 시온에서 예배하는 기쁨에 관한 찬가가 있습니다. 이러한 찬가들에서 자주 쓰이는 형식은 애가the Lament입니다. 애가는 자신이 겪는 고통에 항의하며 시작하지만, 하느님의 궁극적인 선하심을 새로이 신뢰하는 방식으로 끝맺습니다. 애가가 지닌 특징을 압축적으로 보여 주는 예는 시편 13편에서 찾아볼 수 있습니다. 이 시는 "주여! 언제까지 나를 잊으시렵니까? 영영 잊으시렵니까?"로 시작하여 "온갖 은혜 베푸셨으니 주께 찬미드리리이다"로 끝납니다. 저는 신뢰로 들어서는 결론에 이르기 위해서는 고통이 안겨다 주는 당혹스러움을 인정하고 하느님께 버림받는 것을 두려워하는 모습을 정직하게 내비치는 도입부가 있어야만 했다고 생각합니다.

시편 중 일부 시들에는 성전에서 제의를 드릴 때 그 시들이 어떻게 사용되었는지를 보여 주는 흔적이 고스란히 남아 있습니다. 시편 24편을 보면, 순례자 무리에게 물음을 던지는 제사장을 그려 볼 수 있습니다.

> 누가 주님의 산에 오를 수 있으며,
> 누가 그 거룩한 곳에 설 수 있느냐? (24:3)

거룩한 성전 안에 들어갈 준비를 마친 이들이 화답합니다.

> 깨끗한 손과 해맑은 마음을 가진 사람이다. (24:4)

뒤이어 그 제사장이 "영광의 왕이 뉘시냐?"하고 외칠 때 우리는 사람들이 "힘이 세고 용맹하신 주님이시다. 전쟁의 용사이신 주님이시다"(8절)라고 우레와 같은 소리로 응답하는 장면을 그릴 수 있습니다. 시편에서 가장 길면서 동시에 가장 낯선 시는 119편입니다. 22개의 연으로 이뤄진 이 시에서 각각의 연에 속한 8개의 행은 모두 동일한 히브리어 자음으로 시작합니다. 이 때문에 이 시는 알렙(א, 히브리어 자모의 첫 번째 자음)에서 타우(ת, 히브리어 자모의 마지막 자음)에 이르는 거대한 문자놀이의 형태를 이룹니다. 이렇듯 인위적으로 구성되었음에도 시편 119편은 토라, 곧 하느님의 율법이 지닌 권위에 관한 아름다운 묵상입니다.

시편 58편과 109편의 경우는 일종의 '저주 시'라 할 수 있는데 이 시들 역시 성서가 지닌 모호함을 잘 보여줍니다. 이 시들에서 시인은 악인들을 떠올리며 하느님께 촉구합니다.

> 하느님, 그들의 이빨을 그 입 안에서 부러뜨려 주십시오.
> 젊은 사자들의 송곳니를 부수어 주십시오. (시편 58:6)

이 같은 태도는 이후의 절에서도 이어집니다. 시편에 수록된 시 중 가장 충격적인 시는 137편일 것입니다. 이 시는 비극적이면서도 아름다운 첫 구절 "우리가 바빌론의 강변 곳곳에 앉아서, 시온을 생각하면서 울었다"로 시작해 바빌론 사람들에게 전하는 끔찍한 구절로 끝납니다.

> 네 어린 아이들을 바위에다가 메어치는 사람에게
> 복이 있을 것이다. (시편 137:9)

이러한 말들은 그리스도교에서 예배를 드릴 때 쓰이지 않습니다. 이 시구들은 다만 인간의 마음에 도사리고 있는 악이 얼마나 깊은지를 우리에게 일깨울 뿐입니다.

히브리 성서는 예수와 초기 그리스도교인의 생각에 스며들어 있던 경전이었습니다. 특정한 시대, 특정한 문화에서 나왔기에 오늘날 우리에게 낯설게 다가오지만, 그 안에 가득한 풍성함은 변치 않습니다. 저는 구약성서가 그리스도교 교회의 사상과 예배에 있어 중요한 자리를 차지해 왔으며 앞으로도 그럴 것이라 확신합니다.

“

복음서 기록자들의 고민과 진실한 의도를
진지하게 받아들인다면
우리는 복음서에서 예수의 무엇을
확실하게 배울 수 있는지를 깨닫게 될 것입니다.

”

6.

복음서

지금껏 고대 세계 어떤 문헌도 사복음서만큼 학문적으로 치열하고 면밀한 검토의 대상이 되지는 않았습니다. 200년 전부터 비평적인 연구가들은 복음서를 통해 역사 속에 실존했던 나자렛 예수의 무엇을 분명하게 알 수 있는지를 분석하고 평가하는 데 초점을 맞추어 왔습니다. 이러한 지적 활동 과정에서, 상상할 수 있는 거의 모든 답이 나왔으며 그 범위는 '사실상 아무것도 알 수 없음'부터 '그야말로 필요한 모든 것을 알 수 있음'까지 뻗어 있습니다. 저는 지적인 눈으로 복음서를 보고자 하지만, 이는 가차 없는 회의적인 시선으로 복음서를 읽겠다는 말은 아닙니다. 때때로 사람들은 과학자들이 모든 것에 의문을 가진다고 말합니다. 그러나 모든 것을 의심하는 태도는 사실 재앙과도 같습니다. 그렇게 하면 오히려 지적인 활동이 마비되기 때문입니다. 합리적인 전략이란 어떠한 동기에 의해 신념이 생겼을 때 이에 매진하되 때로는 그 신념이 새로운 증거와 통찰에 비추어 수정될 수도 있음을 인정하는 것입니다. 저는 이러한 마음으로 복음서에 다가갑니다. 그러나 그렇게 하기에 앞서, 먼저 사복음서 기록자의 정체를 생각하지 않을 수 없습니다. 전통에 따르면 복음서를 쓴 사람들은 마태오(마태), 마르코(마가), 루가(누가), 요한이라고 여겨지는데, 이러한 입장은 단지 2세기에 생겨난 진술에 그 기원을 두고 있습니다. 한 가지만 예로 들면 마르코와 사도 베드로가 밀접한 관계였으며 베드로가 마르코에게 많은 자료를 제공했다는 식입니다. 이러한 견해를 어떻게 다루어야 할지는 더 면밀한 학문적인 논의가 필요합니다. 이를 뒷받침하는 증거가 단편적이고 간접적이기 때문입니다. 그러나 저는 특정 본문을 기록한 사람이 누구인지보다 그 본문에 기록된 내용이 얼마만큼 역사적으로 신뢰성을 가졌는지가 더 본질적인 질문이라고 생각합니다. 이 문제는 우리가 조심스럽게 접근할 문제입니다. 앞으로 복음서의 기록자를 언급할 때는 편의상 그리스도교 전통에서 말하는 이름을 사용하겠습니다.

성서를 훑어보기만 해도 마태오와 마르코, 루가의 복음서(이 셋은 일정한 관점을 공유한다고 해서 '공관복음'Synoptic Gospels이라 불립니다)가 유사한 점이 많은 반면, 요한의 복음서는 앞의 세 복음서와 명백히 다르다는 점을 이내 알게 될 것입니다. 공관복음이 그리는 예수는 1세기 유대인의 삶에 뿌리내리고 있으며, 누구나 알 만한 비유로 자신의 가르침을 전하고, 그 가르침의 내용은 하느님 나라의 도래 곧 하느님의 임박한 통치에 집중하고 있습니다. 그러나 요한의 복음서를 보면 예수의 말은 무시간적인 어조를 띄며 이야기의 많은 부분에서 자신에게 중심을 두고 가르침을 전합니다. 일련의 "나는 …" 어록, 곧 생명의 빵(요한 6:35), 세상의 빛(요한 8:12) 등의 어록은 특별하면서도 보편적인 의미를 지닌 주장으로 우리를 놀라게 하며, 이러한 태도는 예수 자신이 아버지 하느님께서 보낸 아들이며 그분과 친밀한 관계를 맺고 있다는 표현을 반복하면서 강화됩니다. 물론 요한의 복음서가 그리는 예수는 그저 인간의 형체를 띤 천상적인 존재가 결코 아닙니다. 이 복음서는 도입부에서 "하느님과 함께 계셨으며 하느님이셨던" 말씀을 소개하지만 동시에 그 "말씀이 육신이 되셨"다고 선포합니다(요한 1:1~14). 요한의 복음서와 같은 학파에서 유래한, 아마도 동일 저자가 기록한 것으로 보이는 요한의 첫째 편지(요한일서)

는 이렇게 말합니다.

> 예수 그리스도께서 사람의 몸으로 오셨다는 것을 인정하는 사람은 모두 하느님께로부터 성령을 받은 사람이고 예수께서 그런 분이시라는 것을 인정하지 않는 사람은 모두 하느님께로부터 성령을 받지 않은 사람입니다. (요일 4:2~3)

예수가 우물가에서 사마리아 여인을 만났을 때 그는 정말로 피곤하고 목이 탔으며, 그래서 그녀에게 마실 물을 청해야 했습니다(요한 4:3~14).

요한의 복음서에서 발견되는 한 가지 특이한 점은 공관복음이 분명하게 서술하고 있는 주요한 사건들을 그저 에둘러 언급하고 있다는 점입니다. 예를 들어, 세례 요한이 예수에게 세례를 주는 사건을 마태오, 마르코, 그리고 루가는 매우 중요하게 다루었지만, 요한은 이 사건을 넌지시 언급할 뿐입니다(요한 1:32). 다른 세 복음서들은 최후의 만찬 때 예수가 성찬례를 제정했다고 이야기하고 있지만 요한의 복음서에서는 이 내용 대신 제자들의 발을 씻기는 장면이 등장합니다(요한 13:3~11). 그러나 오천 명을 먹이는 이야기에는 성찬례의 의미가 담긴 분명한 가르침이 등장합니다(요한 6:52~58). 또한, 게쎄마니(겟세마네)라는 구체적인 명칭은 언급하지 않고 그저 예수가 체포되기 전 제자들과 함께 어떤 동산에 들어갔다고만 이야기합니다(요한 18:1). 요한의 복음서를 읽는 사람들은 공관복음 중 하나를 곁에 두고 함께 읽어야만 무슨 일이 일어났는지를 온전히 이해할 수 있을 것입니다. 요한의 복음서가 왜 이처럼 많은 부분에 침묵했는지는 제게도 분명치 않습니다. 요한의 에둘러 표현하는 경향은 정체를 알 수 없는 "사랑 받는 제자"를 언급하는 것을 보아도 알 수 있습니다(13:23, 21:7, 20). 일반적으로 '사랑받는 제자'라는 인물은 요한의 복음서 기록자, 혹은 이 책의 기초가 된 증언을 남긴 사람을 가리키는 소극적인 표현으로 간주합니다. 요한의 복음서와 공관복음이 같은 사건을 언급하면서도 일어난 시점이 일치하지 않는 경우도 있습니다. 공관복음은 예수의 성전 정화를 그의 생애 마지막 주에 두지만, 요한은 이 사건을 예수가 공생애를 시작하면서 예루살렘을 방문한 기간에 배치해 놓았습니다. 물론 요한은 예수가 예루살렘을 세 번 방문했다고 이야기하기 때문에, 공관복음이 마지막 방문만을 기록했다는 점을 들어 이러한 차이를 설명할 수 있기는 합니다. 그러나 잘 알려져 있듯 공관복음과 요한의 복음서는 십자가 사건이 일어난 날짜 또한 일치하지 않습니다다. 모든 복음서가 이 사건이 일어난 날이 금요일이었던 것에는 동의합니다만, 공관복음은 그날이 유월절이었다는 데 반해 요한은 유월절 전날인 준비일이었다고 말합니다. 우리는 여기에 그의 신학적인 동기가 반영된 것으로 추측할 수 있는데, 준비일은 성전에서 유월절 어린양을 도살하는 날이었기 때문입니다. 요한은 이날이 하느님의 어린양이 세상의 죄를 대신 지고 죽어야 하는 날로 적합하다고 생각했을 것입니다.

한편 공관복음에 속하는 복음서들에 공통점이 많은 이유는 이들이 많은 자료를 공유했기 때문입니다. 이따금 세부 내용에 있어 흥미로운 사소한 차이가 있기는 하지만, 마르코의 복음서에 있는 많은 부분은 마태오의 복음서와 루가의 복음서에 다시 등장합니다(이 때문에 대부분의 학자는 마르코의 복음서가 최초의 복음서이며 이후 마태오와 루가가 마르코의 복음서를 모사했다고 봅니다). 앞서 저는 마태오와 루가가 예수의 말씀과 관련한 자료들, 곧 마르코의 복음서에서는 발견되지 않는 자료들을 상당 부분 공유하고 있음을 언급한 바 있으며 많은 학자는 이것이 보다 초기 자료인 Q 문서에서 왔다고 생각합니다. 마태오와 루가에는 각자에게만 존재하는 고유한 자료들 또한 있는데 이를테면 착한 사마리아인의 비유와 탕자의 비유는 루가의 복음서에만 있습니다.

복음서를 이해하기 위해 먼저 염두에 두어야 할 것은 복음서가 현대의 관점에서 기록된 전기가 아니라는 것입니다. 복음서들은 오늘날 전기에 포함된 많은 요소(이를테면 예수의 외모)를 다루지 않습니다. 고대 세계에서 중요한 인물을 다룬 기록들은 그 인물의 중심 의미에만 집중했습니다. 게다가 오늘날처럼 부수적인 세부 내용을 엄밀하고 정확하게 쓰는 것에는 관심을 두지 않았습니다. 우리는 바울로가 다마스커스(다마스쿠스, 다메섹)로 가던 길에서 겪은 회심 사건을 다룬 세 이야기에서 이 점을 분명하게 발견할 수 있습니다(사도 9:1~9, 22:6~11, 26:12~18). 한 사람의 펜 끝에서 나온 하나의 책에 포함된 내용임에도 불구하고 세 이야기는 '모두가 하늘의 빛을 보았는가?', '모두가 하늘의 음성을 들었는가?', '모두가 땅에 떨어졌는가?'라는 물음에 각기 다른 대답을 내놓습니다. 이러한 사소한 차이에도 불구하고, 세 이야기는 분명 본질적으로 동일한 이야기입니다. 그 이야기들은 모두 부활한 그리스도와 만난 후 바울로의 삶이 완전히 바뀌었다는 것을 핵심 내용으로 삼고 있습니다. 이처럼 공관복음이 말하고자 하는 핵심 내용은 요한의 복음서에서도 나타납니다.

이 책을 쓴 목적은 다만 사람들이 예수는 그리스도이시며 하느님의 아들이심을 믿고, 또 그렇게 믿어서 주님의 이름으로 생명을 얻게 하려는 것이다. (요한 20:31)

이렇게 복음서가 가장 중요한 내용에 집중하고 있다는 사실에 비추어 볼 때, 우리는 복음서를 읽으며 부수적인 세부 사항까지 완전한 일관성을 기대해서는 안 됩니다. 공관복음 세 책 모두 예리고에서 일어난 눈먼 사람의 치유 사건을 전합니다. 마태오의 이야기(20:29~34)는 예수와 제자들이 그 도시를 떠날 때 두 사람을 만났다고 기록하고 있습니다. 마르코의 이야기(10:46~52)의 경우는 한 사람을 만났다고 전합니다. 루가는 예리고로 가던 도중 눈먼 사람을 만났다고 전합니다(18:35~43). 그러나 분명 세 복음서가 전하는 이야기는 본질적으로 동일한 이야기입니다. 곧 모든 이야기가 전하고자 하는 더욱 심오한 뜻은 '예수를 만나면 사람들이 어둠을 떠나 빛으로 가게 된다'는 것입니다. 이야기들이 한데 묶여 통합된 기록의 형태로 자리 잡기 전 구전의 과정이 있었으며, 이때 구체적인 내용의 차이가 발생했다는 것을 상상하기란 그리 어려운 일이 아닙니다.

저는 복음서 기록자들이 실제로 일어난 일을 충분히 신뢰할 수 있게끔 이야기하려 노력했으며 이를 당대의 역사적 관습에 따라 표현했다고 생각합니다. 이를 보여주는 흔적은 복음서 기록자들에게 문제가 되는, 그러나 이야기의 진실성을 위해서는 포함시켜야만 했던 예수의 어록을 그들이 빼놓지 않고 기록했다는 점에서 찾을 수 있습니다. 마르코의 복음서를 보면(10:17~22), 한 사람이 예수에게 찾아와 묻습니다. "선하신 선생님, 제가 영원한 생명을 얻으려면 무엇을 해야 합니까?" 예수가 답합니다. "어찌하여 너는 나를 선하다고 하느냐? 하느님 한 분 외에는 선한 분이 없다." 초대교회는 예수에게 죄가 없다고 믿었기 때문에 이 같은 말은 분명 받아들이기 힘들었을 것입니다. 그럼에도 저 말은 전통 안에 있었기 때문에 전해져야만 했습니다. 마태오의 복음서 19장 17절의 경우 저 말을 누그러뜨려 위험성을 약화시킵니다. "어찌하여 너는 나에게 선한 일을 묻느냐?" 루가의 경우에는 저 난처한 표현을 지키기로 했습니다(18:19).* 사복음서 모두 베드로가 예수를 세 번 부인한 이야기를 전합니다. 초대교회의 지도자 중 한 사람의 생애에서 이 사건은 매우 껄끄러운 일이

* 예수께서는 이렇게 말씀하셨다. "왜 나를 선하다고 하느냐? 선하신 분은 하느님 한 분뿐이시다."(루가 18:19)

었을 것입니다. 그럼에도 불구하고 이 사건은 기록되어야 했습니다. 그 일이 실제로 일어난 일이었기 때문입니다. 마태오의 복음서 27장 46절과 마르코의 복음서 15장 34절 모두 예수가 십자가 위에서 망연자실한 채 던진 절규를 진솔하게 기록합니다.

> 나의 하느님, 나의 하느님,
> 어찌하여 나를 버리셨습니까?(마태 27:46, 마르 15:34)

마르코는 이 말이 엄숙한 의미를 지닌다고 느꼈기에 예수가 실제로 말했을 아람어를 기록해야만 했습니다.

> 엘로이 엘로이 레마 사박타니?(마르 15:34)

마태오는 시편 22편 1절을 인용해 이 말을 히브리어로 바꿈으로써 충격을 경감시킵니다. 복음서 기록자들이 쓴 기록이 얼마만큼 정직한지는 한 가지 예만 더 들어도 충분할 것입니다. 마태오의 복음서 10장 23절에서 예수는 제자들을 보내며 말합니다.

> 내가 너희에게 말한다. 너희가 이스라엘의 고을들을 다 돌기 전에

인자가 올 것이다. (마태 10:23)

마태오는 제자들이 파송된 지 약 50년 후 이를 기록한 것으로 추정되는데, 이때는 적어도 통념적인 역사적인 관점에서 볼 때 그 일이 성취되지 않았음이 분명한 시점이었습니다. 그럼에도 그 말은 복음서에 포함되어야만 했습니다.

자신들이 물려받은 전통을 전달함에 있어 복음서 기록자들이 신중을 기했음을 시사하는 예는 다른 몇 가지 사건들에서도 발견됩니다. 이야기에 등장하는 몇몇 인물들의 경우 오늘날 우리에게는 별로 중요하지 않지만, 당시 복음서 기록자들에게는 이를 보존해야 할 이유가 있었던 것으로 보입니다. 게쎄마니에서 알몸으로 달아난 젊은이를 언급하는 이상한 이야기(마르 14:51~52), 예수가 나타나엘(나다나엘)이 무화과나무 아래 있는 것을 보았다고 그에게 말했을 때 나타나엘이 깊은 감명을 받은 이야기(요한 1:48)는 그 예입니다.

저는 복음서 기록자들이 그렇게 기록할 수밖에 없었다고 믿습니다. 이처럼 복음서 기록자들의 고민과 진실한 의도를 진지하게 받아들인다면 우리는 복음서에서 예수의 무엇을 확실하게 배울 수 있는지를 깨닫게 될 것입니다. 우리는 예수가 말한 것과 예수가 행한 것 모두를 살펴야 합니다. 먼저 예수가 말한 것부터 살펴봅시다. 우리는 어록 자료에서 예수의 말들이 지닌 독특한 성격을 발견할 수 있습니다.

가장 먼저 눈에 들어오는 것은 그의 비유 사용입니다. 많은 사람이 자신이 말하고자 하는 바를 전달하기 위해 이야기를 동원하곤 하지만 예수가 쓴 비유가 지닌 함축성과 신랄함은 그 중에서도 특별합니다. 탕자 이야기(루가 15:11~32)라든지 양과 염소 이야기(마태 25:31~36)처럼 독자들 뇌리에서 떠나지 않는 간결한 비유를 고안해 내는 것은 매우 어려운 일입니다. 저는 이 이야기들이 널리 퍼져 있던 초대교회 공동체들에 속한 알려지지 않은 저자가 만든 이야기라고 생각하지 않습니다. 분명히 이 이야기들은 천재적인 한 사람의 창작물입니다. 이 점에서 예수는 놀랄 만한 재능을 갖고 있었습니다.

다음으로 우리는 복음서 안에서 특정한 표현이 반복된다는 사실을 발견할 수 있으며, 이를 통해 예수만의 특징을 파악하게 됩니다. 그중 하나는 우리에게도 익숙한 단어 '아멘'인데, 이 말은 히브리어로 '그렇게 되기를 바랍니다'라는 뜻을 갖고 있습니다.

1세기 유대인들은 우리가 하듯 기도를 마치면서 그 기도에 동의하며 그 뜻에 헌신하겠다는 의도로 이 말을 사용했습니다. 사복음서 모두에서 예수는 이 말을 사용하는데 그 쓰임새가 당시 유대인들이나 오늘날 우리와는 사뭇 다릅니다. 복음서에서 이 말은 문장 맨 앞에 놓여 예수의 말이 참으로 이루어질 것이라고 주장하는 데 쓰입니다(산상수훈이 그 예입니다. 마태 5:18, 26을 보십시오). 이러한 용법은 복음서에서 예수가 고유하게 쓰고 있지만, 불행히도 많은 번역본의 경우 이를 충분히 살리지 못하고 '참으로' 혹은 '진정으로'라고 번역합니다. 이렇게 되면 '아멘'이라는 표현이 지닌 독특한 힘이 축소되며 예수 자신이 특별한 권위를 가지고 이 말을 했다는 것이 충분히 드러나지 않습니다. 앞에서도 언급했지만, 또 다른 특징적인 표현은 바로 "인자"the Son of Man입니다. 사복음서 모두 이 말은 오직 예수만 사용합니다(예외는 요한의 복음서 12장 34절인데 여기서는 무리가 예수가 했던 말을 그에게 그대로 되물을 때 인자라는 표현을 사용합니다). 신약 다른 곳에서도 이 말은 스데파노(스데반)가 순교하던 순간 본 하늘의 환상을 언급할 때(사도 7:56)와 묵시록에서 의미심장하게도 헬라어 정관사 없이 2번 사용된 것(1:13, 14:14)이 전부입니다. 이러한 사실을 어떻게 해석할지 학자들 사이에 의견이 분분하다는 것은 이미 언급한 바 있습니다. 저는 이 말이 예수와 연관되어 있다는 점, 그리고 초대교회 외에는 이 말을 통용한 증거가 없다는 점에 비추어 예수가 자신의 사상을 표현할 때 분명히 이 말에 특별한 의미를 부여했다고 생각합니다. 또한 저는 이 말이 다니엘서 7장을 다시 언급하는 것이라고 확신합니다. 이 표현은 예수가 하느님의 목적을 성취하는 데 특별한 역할을 감당할 자격을 지니고 있음을 암시합니다. 이 점을 고려해 보면 공관복음을 통해 알 수 있는 예수의 자기 이해가 요한의 복음서에 나오는 "나는 …" 어록에서 발견되는 훨씬 노골적인 표현과 크게 다르지 않는다는 것을 알 수 있습니다. 예수가 이 땅에 살아 있을 때 요한이 우리에게 전한 방식으로 말을 했을 것이라 생각하지는 않지만, 저는 이 이야기들이 예수의 부활에 비추어서, 또 예수의 삶이 지닌 내적 의미에 주목해 오랜 기간 숙고를 거친 후 생겨났다고 믿습니다. 이와 같이 인물을 기록하는 방식은 고대 세계의 역사적인 기록들에서 인물의 참된 의미를 전달하기 위해 썼던 관습과도 일치합니다.

예수가 특별한 신분과 권위를 가지고 있었음을 보여 주는 이러한 흔적들에도 불구하고, 복음서들은 예수가 살아가는 동안 끊임없이 하느님의 뜻을 알고 자신의 사명을 완수하기 위한 힘을 얻기 위해 하늘 아버지를 향해 기도했음을 분명히 밝히고 있습니다. 이와 관련된 가장 심오하면서도 감동적인 표현은 게쎄마니 이야기에서 발견됩니다(마태 26:36~46, 마르 14:34~42, 루가 22:40~46, 앞서 다루었듯 요한은 자신만의 완곡한 방식으로 예수와 제자들이 동산에 들어갔다고 언급합니다).* 이 이야기는 복음서가 펼쳐 내는 서사 중에서도 가장 심오한 사건 중 하나입니다. 여기서 예수는 임박한 고통과 죽음을 예감하고 인간이라면 누구나 할 법한 저항의 모습을 보입니다. 그럼에도 그는 기도하는 가운데 자기 아버지의 뜻을 따를 힘을 달라고 간구합니다. 마르코의 이야기에서 예수는 아버지께 드리는 기도에 아람어 '아바'Abba를 사용합니다(이 단어는 신약의 다른 곳, 로마인들에게 보낸 편지 8장 15절, 갈라디아인들에게 보낸 편지 4장 6절에 다시 나옵니다). 이 말은 실제 가족 사이에서 이루어지는 것과 같은 친밀한 어조를 갖고 있습니다. 비록 이 말이 복음서에서 등장한 것은 딱 한 번이지만, 예수가 하느님을 아버지라 언급한 구절이 자주 나온다는 점을 볼 때 그 구절에 이 말

* 그들은 게쎄마니라는 곳에 이르렀다. 예수께서 … 공포와 번민에 싸여서 "내 마음이 괴로워 죽을 지경이니 너희는 여기 남아서 깨어 있어라" 하시고는 조금 앞으로 나아가 땅에 엎드려 기도하셨다. 할 수만 있으면 수난의 시간을 겪지 않게 해달라고 하시며 "아버지(아바), 나의 아버지! 아버지께서는 무엇이든 다 하실 수 있으시니 이 잔을 나에게서 거두어주소서. 그러나 제 뜻대로 마시고 아버지의 뜻대로 하소서" 하고 말씀하셨다. (마르 14:32~36)

이 숨겨져 있다고 추정할 수 있습니다. 많은 이가 본래 아람어로 쓰였을 주기도문 본문에 나온 첫 번째 단어가 아바였을 것으로 생각합니다.

예수가 한 말 가운데 눈에 띄는 특징 중 마지막은 그에게 적대적인 태도로 질문하는 이들을 대하는 방식에서 발견될 수 있습니다. 카이사르(황제)에게 세금을 바치는 게 옳은지의 문제, 죽음 이후의 운명, 메시아의 특징 등을 두고 사두가이파(사두개파) 사람들과 벌인 논쟁에서 그는 질문자들을 말 그대로 벼랑 끝까지 몰고 감으로써 피상적인 논쟁들을 돌파해 문제의 핵심에 이르는 예리함을 보여 줍니다. 여기서 다시 한번 우리는 경이로운 지성을 지닌 한 사람이 남긴 흔적을 발견합니다.

그러나 저는 복음서에서 예수가 한 것으로 나타나는 모든 말이 그가 세상에서 실제로 한 말은 아닐 것이라고 이야기한 바 있습니다. 고대 세계에서는 역사적 인물이 특정 상황에 처했다면 했을 것으로 짐작되는 어떠한 진술이 실제 삶과 조화를 이룰 수만 있다면, 설사 그 말이 그 인물의 실제 경험의 일부가 아닐지라도 그 말의 연원을 그에게 돌리는 것을 속임수라 생각하지 않았습니다. 마태오의 복음서 18장 15~17절은 그 예입니다.* 여기서 예수는 교회 안에서 다툼이 일어났을 때 어떻게 해야 할지 지침을 줍니다(헬라어 에클레시아ἐκκλησία는 신약 다른 부분에서는 자주 등장하지만 복음서에서는 이곳과 16장 18절에서만 발견됩니다). 아마도 마태오는 예수가 그러한 문제에 직면했을 경우 했을 법한 말을 생각했던 것으로 보이며 본문에서 예수의 말은 마태오가 했을 생각에 부합합니다. 그러나 복음서 기록자들이 이와 같은 자유를 누리는 경우는 매우 드뭅니다. 사도행전과 바울로는 초대교회를 몹시 불안하게 만들었던 문제가 이방인이 그리스도교로 개종할 때 할례를 해야 하느냐의 문제였음을 분명하게 밝힙니다. 문제를 종식하기 위해 예수의 말을 지어내는 편이 손쉬웠겠지만, 복음서에서 그러한 말들은 발견되지 않습니다.

좀 더 논쟁적인 예는 '수난 예고'가 지닌 속성입니다. 공관복음이 전하기를, 세 번의 예루살렘 방문 중 예수는 자신의 제자들에게 자신이 배척을 받고 죽임당할 것이라고 경고한 뒤 3일 후

---

* 어떤 형제가 너에게 잘못한 일이 있거든 단 둘이 만나서 그의 잘못을 타일러주어라. 그가 말을 들으면 너는 형제 하나를 얻는 셈이다. 그러나 듣지 않거든 한 사람이나 두 사람을 더 데리고 가라. 그리하여 '두 사람이나 세 사람의 증언을 들어 확정하여라.' 한 말씀대로 모든 사실을 밝혀라. 그래도 그들의 말을 듣지 않거든 교회에 알리고 교회의 말조차 듣지 않거든 그를 이방인이나 세리처럼 여겨라. (마태 18:15~17)

다시 살아날 것이라고 말합니다(마르 8:31, 9:31, 10:33~34, 이와 관련한 평행본문들). 많은 학자는 이 말이 사건이 일어난 후에 기록된 예고이며 복음서 기록자들이 나중에 이를 삽입했다고 생각합니다.* 그러나 저는 이 문제가 그보다 더 복잡하다고 생각합니다. 복음서 기록자들이 예고에 사용할 적절한 단어를 선택할 때 이후 사건들에 영향을 받았으리라는 점, 특히 부활에 관해 언급한 부분을 다루었을 때는 더욱 그러했으리라는 점에는 의심의 여지가 없습니다. 그러나 예수가 예루살렘에 있으면 권력자들과 폭력적인 대치를 초래할 것이라는 점을 간파하지 못했다고는 생각지 않으며, 하느님이 결국 자신을 지지하리라는 믿음이 없었다고도 생각지 않습니다. 설령 제자들이 당시에는 이해하고 받아들이기 어려웠다 할지라도, 예수가 이러한 생각들을 제자들과 공유하려 했다고 추정하는 것은 전적으로 타당합니다.

이와 관련한 또 하나의 문제는 복음서 기록자들이 예수가 구약의 예언을 성취했다는 것을 보여 주려는 욕구에 얼마나 영향을 받았느냐는 것입니다. 이 주제를 가장 강조하는 복음서 기록

---

* 평행본문(병행구절)은 성서의 다른 책에 나오는 같거나 비슷한 본문을 말한다. 구약에서는 역사서(사무엘상.하, 열왕기상.하, 역대상.하), 신약에서는 사복음서(마태오, 마르코, 루가, 요한의 복음서)에 나타난다.

자는 마태오입니다. 그러나 그가 이를 위해 호소하는 일련의 본문들은 매우 낯설고 그 범위는 가장 일반적인 수준의 암시(예를 들면 마태오의 복음서 8장 17절에서 치유 사역을 언급하며 이사야를 인용한 것)부터 의도적으로 그 의미를 왜곡하는 것(2장 15절에서 인용한 호세아서의 해당 본문은 이스라엘 민족의 이집트 탈출과 관련되어 있지만, 마태오는 이를 성가족聖家族의 이집트 도피와 연관짓습니다)까지 폭이 넓습니다. 초대교회가 자신들이 아는 예수를 히브리 성서에서 자신들이 읽은 것과 연결 지으려 한 것은 당연한 일입니다. 그러나 저는 복음서 기록자들이 히브리 성서를 그렇게 사용한 것은 누군가가 구약 본문들을 이상하고도 절충하는 방식으로 선택하도록 강제했기 때문이 아니라 예수의 삶이 실제로 그래서였다고 생각합니다. 이러한 판단은 신약 기록자들이 히브리 성서를 꽤나 자유로운 방식으로 인용했다는 사실에서 확인됩니다. 예를 들어 마태오의 복음서 3장 3절, 마르코의 복음서 1장 3절, 그리고 루가의 복음서 3장 4절은 세례 요한과 관련해 이사야서 40장 3절을 인용하는데, 여기서 그들은 히브리어 구두점을 새로이 다시 찍습니다. 그들은 "한 소리가 외친다. '광야에 주님께서 오실 길을 닦아라'"라는 구절을 "광야에서 외치는 이의 소리가 있다. '너희는 주님의 길을 예비하라'"로 바꾸어 사실에 부합하도록 만듭니다.

우리는 또한 예수의 말 중 '엄중한 말'hard sayings이 있음을 짚고 넘어가야 합니다. 우리는 이 말을 두고 다양한 방식으로 씨름해야 합니다. 보통 마태오와 루가에도 평행본문이 있지만, 저는 마르코의 복음서에서 그 예를 들고자 합니다. 먼저 예수의 제자가 되기 위해 치러야 하는 대가를 말하며 독자들에게 도전을 주는 구절들이 있습니다. 이 구절들은 그리스도를 따르는 것이 부담이 큰 소명임을 분명히 합니다. 익숙한 예로 예수는 제자들에게 말합니다.

> 자기를 부인하고, 자기 십자가를 지고, 나를 따라 오너라. (마르 8:34)

이러한 말은 읽는 사람을 불편하게 하지만, 그만큼 제자가 되기 위해서는 연단과 희생이 필요하다는 사실을 보여줍니다.

또 다른 엄중한 말은 자주 '위선자'라 불리며 비난받는 율법학자들과 바리사이파(바리새파) 사람들과의 논쟁(마르 7:6~13)에서 등장합니다. 술집 주인과 죄인들을 대할 때와는 사뭇 다르게, 여기서 예수는 강경하고 가혹한 방식으로 자기 생각을 표현합니다. 이러한 맥락에서 그는 '온화한 예수'가 전혀 아닙니다. 마태오의 복음서는 특히 예수가 맹렬한 비난을 하는 모습을 선명하게 보여줍니다. 예를 들면 23장 13~36절에서는 자신의 대적자들에게 "화를 입을 것이다"라고 연속해서 선언하고 그들을 "독사의 자식"(12:34)이라고 규정합니다. 우리는 여기서 히브리 전통이 특정 문제를 다룰 때 흑과 백처럼 극단적으로 나뉘는 용어로 표현하는 경향이 있다는 것을 잊어서는 안 됩니다. 말라기 1장 2~3절에서 하느님은 이사악의 두 아들 중 한 명을 택하며 이렇게 말씀하십니다.

> 나는 야곱을 사랑하고 에사오를 미워하였다. (말라 1:2~3)

요한의 복음서에서는 훨씬 격렬하고 치열한 갑론을박이 벌어지지만(8:12~59, 10:19~37) 여기서 적들은 그저 "유대인들"이라 불립니다.

예수의 어록 중 심판에 관한 부분을 살펴보면 오늘날 독자들은 예수의 말에 혼란스러움을 느낄지도 모릅니다. 예를 들어 마르코의 복음서 9장 42~48절에는 지옥(헬라어로는 게엔나γέεννα이며 예루살렘 외곽에 있던 밤낮 불에 타오르는 쓰레기 처리장을 가리킵니다)에 떨어질 것을 경고하는데 그곳에서는 구더기도 죽지 않고 불도 꺼지지 않습니다. 이러한 경고가 "손이 죄를 짓게 하거든 그 손을 찍어 버리라"는 명령과 나란히 등장한다는 사실은 극단적인 표현을 하는 유대교적 성향이 여기에도 반영되어 있음을 또 다시 보여줍니다. 그럼에도 불구하고 예수가 도덕과 관련한 심판을 선언할 때 그 말에는 부인할 수 없는 준엄함이 있습니다. 이것은 결코 가벼이 여길 문제가 아닙니다. 마태오의 복음서 10장 28절에서 그는 말합니다.

> 육신은 죽여도 영혼은 죽이지 못하는 사람들을 두려워하지 말고 영혼과 육신을 아울러 지옥γέενναa에 던져 멸망시킬 수 있는 분을 두려워하여라. (마태 10:28)

마지막으로 마르코의 복음서 13장에 나오는 장문의 묵시적 구절을 살펴봅시다. 이 구절의 평행본문은 마태오의 복음서 24장과 루가의 복음서 21장이며, 최후의 성전 파괴 이야기와(성전은 로마 제국의 손에 의해 AD 70년 파괴됩니다) 마지막 때에 비극과 고통을 겪은 후 선택된 사람들이 구원을 받는 이야기를 전합니다. 이 이야기에 담긴 언어와 문체는 오늘날 사람들에게 매우 낯섭니다. 100

년 전 알베르트 슈바이처Albert Schweitzer와 같은 신약학자들은 복음서 안에 있는 이러한 요소를 지나치게 강조한 나머지 예수를 종말론적 예언자로 묘사하고 그 예언이 즉각 성취를 이루지는 못했다고 보았습니다. 오늘날 학자들은 이러한 묵시문학적 자료 중 얼마나 많은 부분이 예수 본인이 한 말에 기초하고 있는지, 아니면 초대교회 지도자들의 활동에 기원을 둔 것인지를 두고 논쟁합니다. 어느 쪽이 옳든 간에, 예수가 다가오는 하느님 나라를 선포했을 때는 경고의 메시지와 긴급함이 담겨 있었고 이는 그의 말을 듣는 이들에게 선택의 심각성을 강조하는 역할을 했을 것입니다.

예수가 한 행적들을 살폈을 때 가장 확실한 점은 그가 탁월한 치유자였다는 것입니다. 복음서에는 수많은 치유 이야기가 등장하며 서사 구조 전체를 파괴하지 않고서는 이 이야기를 제거할 수 없습니다. 이와 더불어 안식일에 치유하는 것이 적절하냐는 논쟁 또한 반복적으로 등장합니다. 이는 분명 예수와 유대교 권력자들 간의 날카로운 언쟁의 핵심이었으며, 실제로 그러한 치유가 있지 않고서는 벌어질 수 없는 논쟁이었습니다. 치유는 빈번하게 축귀, 곧 악령을 쫓아내는 모습(마르 1:21~28, 32~34)으로 묘사됩니다. 물론 이는 오늘날 우리가 그 일들을 이해하는 방식은 아닙니다. 다시 한 번, 우리는 예수가 명명백백히 1세기 유대인이었으며 그와 그 동시대 사람들이 그의 행적을 그 당시 표현양식에 맞추어 해석했음을 기억해야 합니다.

예수는 다른 행적을 통해서도 자신의 진가를 드러냅니다. 여기서 기적을 둘러싼 신학적 문제를 다루지는 않겠습니다('더 읽어 볼 책'을 보십시오). 요한의 복음서는 기적을 일으키는 행위를 '표징'sign으로 여겨야 한다고, 기적 사건들은 하느님이 그리스도 안에서 하시는 일의 실재를 더 깊게 볼 수 있게 해주는 창이라고 주장합니다. 기적 이야기를 그저 놀라운 일들이 일어났던 이야기로 취급해서는 안 됩니다. 신학적인 신뢰성을 기하자면, 기적은 변덕스러운 마술이나 속임수가 아니라 계시적 사건이어야 합니다. 복음서의 몇몇 기적들은 심리적인 문제를 치유한 것으로 이해할 수도 있습니다. 여기서 기적은 예수에 깊이 붙들린 사람이 어떤 능력을 얻게 되는지가 드러난 것입니다. 그 밖에 일어난 기적들은 천우신조의 시점에 일어나 계시적 의미를 갖게 된 자연적인 사건(예를 들면 마르코 4장 37~41절에 나온 폭풍이 잠잠해지는 기적)으로 볼 수 있습니다. 사복음서 모두가 분명하게 기록한 유일한 기적은 군중을 먹인 사건입니다(마르 6:33~44, 8:1~10, 평행본문). 여기에는 명백한 신학적 의미, 즉 유대교에서 이루어지는 메시아적 만찬 개념과 그리스도교에서 이루어지는 성찬례 개념이 함축적으로 담겨 있습니다. 저는 이 이야기에서 어떤 부분이 실제로 일어났는지 재구성하는 것은 불가능하다고 여깁니다. 소년이 예수에게 자신의 도시락을 내놓자 군중의 마음이 움직여 개인적인 만족을 위해 감추었던 도시락을 나누었을 것이라는 견해는 애석하게도 설득력이 없습니다. 물론, 그리스도교의 핵심 기적은 다른 무엇도 아닌 부활입니다. 이는 다음 장에서 주요 문제로 다룰 것입니다.

예수가 실제로 했음을 의심할 수 없는 또 한 가지 사실은 그가 세리와 창녀처럼 평판이 좋지 않은 죄인들을 기꺼이 받아들이고 심지어 식사도 함께했다는 것입니다(예를 들면 마르 2:13~17). 이러한 행동은 동시대 유대인들을 아연실색케 했습니다. 그들은 회개에 관한 율법을 우선시하지 않는 예수의 행동을 못마땅하게 여겼습니다.

저는 복음서에서 가장 잘 알려졌고 가장 사랑받는 이야기를 이 장 마지막까지 남겨 두었습니다. 바로 예수 탄생을 다룬 이야기입니다. 이 이야기는 마태오의 복음서 1장 18절~2장 12절과 루가의 복음서 2장 1~20절에만 나옵니다. 요한은 무시간적인 도입부 뒤에, 마르코는 어떠한 예비 절차도 없이 곧바로 세례 요한과 예수의 만남을 다루면서 공생애 이야기를 시작합니다. 우리는 마르코와 루가 두 복음서가 전하는 이야기들을 하나의 이야기로 만들려는 경향이 강해서 이야기들을 신중하게 따로 놓고 읽을 때에만 비로소 두 이야기가 얼마나 다른지를 알 수 있습니다. 루가는 많은 부분 마리아의 관점으로 이야기를 풀어 가며 미천한 목자들이 갓 태어난 예수를 찾아왔다고 기록합니다. 마태오는 루가와 견주었을 때 요셉의 관점에서 이야기를 풀어가며 동방 박사들이 예수를 찾아왔다고 기록합니다. 우리는 보통 성탄 캐럴과 화가들이 그린 수많은 작품에 영향을 받아 마태오와 루가의 예수 탄생 이야기를 합쳐 놓은 장면을 상상할 때가 많습니다. 동방박사를 왕이라 생각할 근거는 없습니다. 차라리 그들은 동방에서 온 점성술사라고 하는 것이 적절합니다. 성서는 동방박사가 세 명이라는 말을 전하지 않습니다. 동방박사가 세 명이라는 전통적인 믿음은 황금, 유향, 몰약이라는 세 가지 선물에서 유래합니다. 루가는 로마의 인구 조사와 연관 지어 예수가 탄생한 날짜를 측정합니다만, 이를 이미 알려진 고대 역사, 그리고 헤로데 왕(헤롯 왕)의 통치 시기에 예수가 탄생했다는 마태오의 진술 등의 정보와 조화시키기에는 심각한 학문적인 어려움이 있습니다. 두 이야기는 모두 마리아의 고향이 나자렛이었음에도 불구하고 어째서 예수가 메시아 예언이 말한 대로 베들레헴에서 태어났는지를 설명하는 것에 관심을 집중하고 있습니다. 저는 예수 탄생 이야기에 역사적 진실이 보존되어 있다고 믿습니다. 그러나 그 이야기의 정확한 내용을 규명하는 것은 결코 쉬운 일이 아닙니다.

수태고지를 분명하게 이야기한 루가(1:34~35)와 이를 에둘러 이야기한 마태오(1:18) 모두 예수의 무염 수태virginal conception를 주장합니다. 그리스도교 전통은 여기에 대단한 의미를 부여했고 종종 이를 '처녀 잉태'virgin birth라 부릅니다. 그러나 신약에서 이것은 부활만큼의 커다란 중요성을 갖고 있지는 않은 것으로 보입니다. 바울로는 예수가 인류와 연대를 이루셨음을 강력하게 선언합니다.

> 하느님께서는 자기 아들을 보내셔서, 여자에게서 나게 하시고,
> 또한 율법 아래에 놓이게 하셨습니다. (갈라 4:4)

무염 수태설이 신학적으로 중요한 이유는 이 주장을 통해 하느님이 예수가 이 세상에 오실 것을 미리 계획해 놓으셨다는 점이 부각되기 때문입니다. 설사 신약 기록자들이 '예수가 보내졌다'는 표현을 훨씬 자주 사용하여 동일한 진실을 표현했다 하더라도 말입니다. 예수는 나중에 하느님의 목적에 부합하는 인물로 밝혀져 우발적으로 선택된 것이 아니라 처음부터 하느님의 계획의 일부였습니다. 무염 수태설은 이를 보여 주는 강력한 신화입니다. 성육신의 종교에서 신화적인 이야기가 지닌 힘은 실제 일어났던 사건이 지닌 힘과 융화됩니다. 그러한 면에서 위대한 그리스도교 신화들은 모두 실제로 일어난 것을 바탕으로 합니다. 따라서 저는 그 근거가 부활 신앙보다 빈약하더라도 처녀 잉태를 믿습니다.

저는 제가 지금까지 해 온 것처럼 복음서를 유심히 살핀다면 복음서가 그 이야기 배후에 있는 한 사람의 참된 모습을 보여줄 것이라 확신합니다. 저명한 신약학자 물C. F. D. Moule은 예수를 일컬어 "눈에 띄며, 독창적인, 갈피를 잡을 수 없으나 명쾌한 인물"이라 묘사한 바 있습니다. 저는 그의 평가에 동의합니다. 실재의 본성을 밝힐 진실한 이해를 얻기 위해 예수의 말과 행적을 탐색하면 할수록 새로운 도전과 그만큼의 희망을 발견하기 때문입니다.

예수는 군중을 몰고 다녔으며 군중이 예수를 보며 커다란 기대를 걸었을 거라 추측하기란 그리 어렵지 않습니다. 그러나 첫 번째 성금요일, 버림받은 지도자가 고통스럽고 수치스러운 십자가 위에서 죽음에 이르는 광경을, 어둠이 드리운 사형장에서 그가 "나의 하느님, 나의 하느님, 어찌하여 나를 버리셨습니까?" 라고 절규하는 장면을 사람들이 보았을 때 모든 약속은 실패로 돌아간 것이 명백해 보였습니다. 거기서 예수의 삶이 정말로 끝났다면 우리는 그의 이야기를 결코 전해 들을 수 없었을 것입니다. 설사 전해졌다 해도 예수는 1세기 자신을 메시아로 착각했던 한 사람, 허황한 야망에 사로잡혔다가 희생당한 사람으로 남았을 것입니다. 그러나 우리는 예수가 누구인지를 알리는 소식을 모두 들었습니다. 무엇인가 일이 일어나서 그의 이야기가 오늘날까지 이어졌습니다. 그 일이 무엇이었는지를 이어지는 장에서 살펴보겠습니다.

“

신약성서 전체는 예수에게
특별한 무엇인가가 있다는 이해를 전제하고 있습니다.
그가 그저 한 사람의 방랑하는 랍비였거나 실패한 예언자였다면
이야기는 틀림없이 그가 죽었다는 사실로 끝났을 것입니다.
그러나 하느님이 정말로 그리스도 안에 특별한 방식으로 임했다면
그를 다룬 이야기가 특별한 요소를 담고 있다고 생각하는 것이
합당할 것입니다.

”

7.
십자가와 부활

복음서 초반에서 예수와 결부된 동사들은 능동태이며 특히 공생애 중 그가 한 권위 있는 말과 영향력 있는 행동은 모두 능동태로 이루어져 있습니다. 그러나 이야기가 예루살렘에서의 마지막 주에 이르면 어조가 변화되어 동사들이 수동태로 바뀝니다. 예수에게 일이 벌어진 것입니다. 그는 부당한 재판을 받아 사람들에게 넘겨져 고통을 받고 죽음에 이릅니다. 모든 복음서는 이 마지막 주간에 가장 심오한 의미를 둡니다. 마르코의 복음서는 총 16장 중 여섯 장에서 이 이야기를 다루고 있습니다.

십자가형은 로마가 반역자, 노예, 흉악범 들을 오랫동안 고문

해 처형하기 위해 고안해냈습니다. 십자가에 매달린 죄수는 숨을 쉬기 위해 박힌 못을 밀어내 가슴을 들어올려야 했기 때문에 숨을 쉴 때마다 극심한 고통을 느꼈습니다. 고통이 끝도 없이 이어지니 이보다 더 끔찍한 죽음이 있을까요? 몸에서 피가 빠져나가면 고열이 발생했고, 한편으로는 해로운 벌레들에 노출된 채 군중들에게 자신의 벌거벗은 모습을 보여야 했습니다. 이내 고통의 시간이 지나면 사형수는 숨쉬기를 포기하고 질식사했습니다. 사형수가 죽지 않으면 군인들은 그의 다리를 부러뜨려 더는 고통을 참으며 버틸 수 없게 만들었습니다(요한 19:32 참조).* 이러한 고통에 더해, 1세기 유대인이라면 십자가를 하느님께 버림받았다는 상징으로 여겼는데 이는 신명기 21장 23절에서 "나무에 달린 사람은 하느님께 저주를 받은 사람"이라 말했기 때문입니다. 로마 통치 기간 내내 '십자가'(헬라어 스타우로스σταυρός)는 매우 불길한 의미를 지닌 단어였기에 사람들은 십자가형을 두려워했습니다. 우리가 당시 사람들처럼 십자가를 느끼기란 어려운 일인데 이제 십자가는 관습이 된 종교적 상징이기 때문입니다. 수백 년이 흘러 십자가가 더는 동시대의 현실이 아니게 될 때까지

* 그래서 병사들이 와서 예수와 함께 십자가에 달린 사람들의 다리를 차례로 꺾고 (요한 19:32)

그리스도교 예술에서 십자가에 못 박힌 그리스도를 묘사하는 일은 없었습니다. 초기 그리스도교인들은 예수를 선한 목자로 표현하기를 선호했습니다.

십자가형은 예수를 죽음으로 몰고 갑니다. 그는 "나의 하느님, 나의 하느님, 어찌하여 나를 버리셨습니까?"라 절규한 뒤 숨을 거뒀습니다. 앞서 언급했듯 성 금요일 당시 사람들은 나무에 못 박힌 예수의 모습을 보며 자기 자신을 메시아라고 착각했던 이가 허망하게 죽음을 맞이한다고 여겼습니다. 그들은 '그가 주장했던 거창한 말들은 허무맹랑한 것이었어'라고 생각했을 것입니다. 그러나 사형 집행을 맡은 백부장은 자신이 그때까지 보아온, 익숙하게 봐왔던 악인들의 죽음과는 확연히 다른 무엇인가를 보았습니다. 마르코의 복음서에서 그는 외칩니다. "이 사람이야말로 정말 하느님의 아들이었구나."(마르 15:39) 한편 루가의 복음서에서는 그가 하느님을 찬양하며 말합니다. "이 사람이야말로 죄 없는 사람이었구나!"(루가 23:47)

예수가 정말로 죽음에서 일어나 영원히 영광스러운 생명을 얻었다면, 그리고 그 백부장이 옳았다면, 어째서 겁에 질렸던 제자들이 예수의 주되심을 선포하는 두려움을 모르는 사람들로 변하게 되었는지가 해명되며 왜 예수의 이야기가 그토록 강력한 힘을 지니고 오늘에까지 이르렀는지를 이해할 수 있게 됩니다. 물론 우리는 이 일이 정말로 사실이었다고 믿을 마땅한 증거가 있는지를 살펴야 합니다. 먼저 생각해 볼 점은 예수가 어느 수준으로 부활했냐는 것입니다. 복음서에는 분명히 죽었으나 생명을 다시 얻게 된 사람들에 대한 이야기들이 있습니다(야이로의 딸-마르 5:35~43과 평행본문들, 나인 성의 과부의 아들-루가 7:11~17, 라자로(나사로)-요한 11:38~44). 그러나 이 이야기들에서 다시 살아난 사람들은 소생resuscitation한 것입니다. 다시 말해, 그들은 의심할 여지 없이 언젠가 다시 죽습니다. 그들은 언젠가 맞닥뜨리게 될 죽음에서 잠시 유예되었을 뿐이며, 이는 오늘날 가사 체험을 한 사람들과도 유사한 점이 있습니다. 그러나 예수의 부활은 이와 다릅니다. 그는 죽음과 싸워 영원한 승리를 얻었습니다. 묵시록이 묘사하고 있는 첫 번째 환상에서, 부활한 그리스도는 말합니다.

> 나는 죽었지만 이렇게 살아 있고 영원무궁토록 살 것이다.
> 그리고 죽음과 지옥의 열쇠를 내 손에 쥐고 있다. (묵시 1:18)

1세기 많은 유대인이 역사가 끝나면 죽은 이들이 모두 부활해 영원한 생명을 얻게 되리라 믿었지만, 어느 누구도 역사 안에서 한 사람에게 그러한 일이 일어나리라고는 예상치 못했습니다. 1세기 유대인에게 메시아가 부활한다는 생각은 메시아가 십자가에 못 박혀 죽는다는 생각만큼이나 낯설었습니다. 오늘날 많은 사람이 부활을 낯설게 여기는 것처럼 말입니다.

우리가 아는 한 그리스도의 부활을 처음으로 언급한 것은 복음서보다 앞서 기록된 바울로의 한 서신입니다. 55년경 고린토인들에게 보낸 첫째 편지(고린도전서)에서 바울로는 다음의 내용을 상기시킵니다.

> 나는 내가 전해 받은 가장 중요한 것을 여러분에게 전해 드렸습니다. 그것은 그리스도께서 성서에 기록된 대로 우리의 죄 때문에 죽으셨다는 것과 무덤에 묻히셨다는 것과 성서에 기록된 대로 사흘만에 다시 살아나셨다는 것과 그 후 여러 사람에게 나타나셨다는 사실입니다. 그리스도께서는 먼저 게바에게 나타나신 뒤에 다시 열두 사도에게 나타나셨습니다. 또 한번에 오백 명이 넘는 교우들에게도 나타나셨는데 그중에는 이미 세상을 떠난 사람도 있지만 대다수는 아직도 살아 있습니다. 그 뒤에 야고보에게 나타나시고 또 모든 사도들에게도 나타나셨습니다. 그리고 마지막으로 팔삭둥이 같은 나에게도 나타나셨습니다. (1고린 15:3~8)

바울로가 언급한 “전해 받은 가장 중요한 것”(15:3)이 가리키는 것은 그가 다마스커스로 가던 길에서 극적으로 회심한 후 얻은 가르침이라고 가정하는 것이 자연스럽습니다. 이 구절은 증거로 삼는 사건들이 일어난 지 얼마 되지 않은 것처럼 이야기합니다. 또한, 베드로를 아람어 ‘게바’라 부르며, 사도들을 열두 명으로 언급하고 있는데 이러한 표현들은 초기 그리스도교 공동체에서 이내 자취를 감추게 됩니다. 이러한 사실들로 미루어 볼 때 우리는 이 본문이 그리스도교 공동체의 기록 중에서도 매우 오래된 기록임을 확인할 수 있습니다. 바울로는 부활한 그리스도를 경험한 증인들 대다수가 지금도 살아 있다고 말하며 증인들의 요약된 목록을 제시합니다. 이를 통해 우리는 바울로가 이 목록을 근거로 예수를 살아 계신 주로 믿는 것에 대한 지지를 얻고자 했음을 분명하게 알 수 있습니다. 그러나 이 구절은 압축적이기 때문에 부활한 예수가 나타났을 때 그들이 어떠한 경험을 했는지 그 단서를 거의 주지 않습니다. 더 많은 통찰을 얻기 위해서는 복음서를 다시금 살펴야 합니다.

복음서가 전하는 장면을 보는 즉시 우리는 혼란스러움을 느낍니다. 마르코의 복음서에서는 부활한 그리스도가 갈릴래아에서 제자들과 만나게 될 것이라고 두 번이나 약속했음에도 불구하고

(14:28, 16:7), 실제로 예수가 나타났다는 이야기는 나오지 않습니다(많은 번역본의 결론에 해당하는 절들(16:9~20)은 2세기에 덧붙여진 것으로 알려졌으며, 어떠한 독자적인 증거도 제공하지 않습니다). 학자들은 복음서 원본이 16장 8절에서 보듯 갑작스럽게 끝나도록 의도되었는지, 혹은 지금은 사라진 절들이 더 있었는지를 두고 논쟁합니다. 한편 마태오의 복음서에서는 무덤에서 돌아오는 여자들에게 예수가 나타난 이야기를 간략하게 언급하지만, 부활한 예수가 나타나는 중심 사건은 갈릴래아에서 일어납니다(28:9~10, 16~20). 또한, 루가의 복음서와 사도행전의 기록자 루가는 사도행전 1장 3절에서 부활한 예수가 40일이라는 기간에 걸쳐 나타났다고 말하고 있음에도 불구하고, 그가 쓴 복음서를 보면 모든 일이 부활 첫날 예루살렘에서 일어납니다(루가 24:13~50). 요한의 복음서에서는 부활한 예수가 예루살렘(20:11~29)과 갈릴래아(21:1~23)에서 나타납니다. 이러한 차이는 예수의 생애 마지막 주를 다룬 이야기에서 복음서들이 보이는 근본적인 유사성(그가 겪은 시련의 본질적인 의미에 대해서는 이견이 있음에도 불구하고)과는 대비를 이룹니다.

우리가 성서를 처음 접했을 때 성서는 서로 다른 그리스도교 공동체들이 어떻게 해서든 예수가 여전히 그들의 살아 계신 주님이라는 확신을 표현하기 위해 만들어낸 다양한 이야기 묶음으로 보일지도 모릅니다. 그러나 이 이야기들에는 예측할 수 없으나 계속해서 반복되는 한 가지 특징이 있습니다. 다양한 방식으로 표현된 이 특징은 저 모든 이야기의 역사성을 진지하게 고려해야 한다고 말합니다. 그 특징이란, 처음에는 부활한 그리스도가 누구인지를 인식하는 것이 어렵다는 것입니다. 막달라 마리아는 그를 동산지기인 줄 알았습니다(요한 20:15).* 엠마오로 가던 두 사람은 자신들의 길벗이 눈에서 사라지기 전 그가 자신들과 함께 떡을 떼어 나누어줄 때까지도 그가 누구였는지를 알지 못했습니다(루가 24:30~31).** 갈릴래아 호수에서는 사랑받는 제자만이 호숫가에 서 있는 사람이 그분임을 알아챘습니다. 놀랄 만큼 솔직하게, 마태오는 부활한 예수가 갈릴래아의 한 산자락에 나타나셨을 때도 그들 중에 의심하는 자가 있었다고 전합니다(28:17).*** 거의 모든 이야기는 그들과 함께한 이가 누구인지를 분명하게 알게 되는 순간에 절정을 이룹니다. 이러한 특징은 이야

---

* 예수께서 마리아에게 "왜 울고 있느냐? 누구를 찾고 있느냐?" 하고 물으셨다. 마리아는 그분이 동산지기인 줄 알고 "여보셔요. 당신이 그분을 옮겨갔거든 어디에다 모셨는지 알려주셔요. 내가 모셔 가겠습니다." 하고 말하였다. (요한 20:15)

** 예수께서 함께 식탁에 앉아 빵을 들어 감사의 기도를 드리신 다음 그것을 떼어 나누어주셨다. 그제서야 그들은 눈이 열려 예수를 알아보았는데 예수의 모습은 이미 사라져서 보이지 않았다. (루가 24:30~31)

*** 그들은 거기에서 예수를 뵙고 엎드려 절하였다. 그러나 의심하는 사람들도 있었다. (마태 28:17)

기들이 개별적으로 지어낸 이야기였다면 발견되지 않았을 것입니다. 저는 이 이야기들이 그들과 부활한 예수의 만남이 어떠했는지를 보여주는 실제 역사의 회상이라고 믿습니다. 따라서 저는 부활한 예수가 나타난 이야기는 실제 증거로서 가치를 지니고 있으며 진지하게 다루어야 한다고 결론짓습니다.

두 번째 증거 역시 복음서에서 찾을 수 있습니다. 곧 모든 복음서는 빈 무덤을 발견했다고 말합니다(마태 28:1~8, 마르 16:1~8, 루가 24:1~10, 요한 20:1~10). 예수를 만난 여자들의 이름, 발견한 시각이 아침 몇 시였는지 등 구체적인 부분에 차이가 있기는 하나 큰 맥락에서 복음서들이 전하는 빈 무덤 이야기는 대체로 일치합니다. 여자들이 빈 무덤을 발견했을 때 처음 보인 반응이 기쁨이 아니라 두려움이었던 것이 그중에서도 눈에 띕니다. 그들은 부활을 예견하지 못했고 이 때문에 복음서마다 다소 다른 방식으로 그 의미를 좀 더 분명하게 하기 위해 천사가 메시지를 전하는 형태를 필요로 할 것이라고도 예상치 못했습니다. 물론 빈 무덤 이야기가 지닌 증거로서의 가치를 제대로 평가하기 위해서는 먼저 논의해야 할 문제들이 있습니다.

우선은 그곳에 정말로 알아볼 수 있는 무덤이 있었는지의 여부입니다. 당시 로마의 관습상 처형된 죄수(권력자들의 눈에는 예수가 그렇게 보였을 것입니다)는 명패 없이 공동묘지에 묻혔으며 심지어는 시체를 그대로 두어 야생 동물이 먹게 할 때도 있었습니다. 그러나 고고학적 증거들을 살펴보면 우리는 이것이 불변의 풍습은 아니었음을 알 수 있습니다. 예수의 경우 그의 무덤이 있었다는 근거로 사복음서 모두 아리마태아(아리마대) 사람 요셉이 무덤을 제공했다는 것을 들고 있습니다. 그가 실제로 이 일을 하지 않았다면 그의 이름은 전혀 알려지지 않았을 것이고 이후 초기 그리스도 운동에서 이를 중요하게 다루지 않았을 것입니다. 그가 분명 실제로 그 일을 했다고 믿었기에 복음서 기록자들은 그 행동을 용기 있고 명예로운 행동으로 묘사했습니다.

또 하나 살펴야 할 문제는 바울로가 자신이 보낸 서신에서 빈 무덤을 언급하고 있지 않는다는 점입니다. 그러나 이 서신들은 특정한 상황에 대처하기 위해 기록되었으며, 서신을 쓴 특정한 목적 때문에 바울로가 아는 것 중 서신을 읽는 이들에게 구태여 말하지 않은 것도 많았을 것입니다. 게다가 많은 사람은 바울로가 고린토인들에게 보낸 첫째 편지 15장에서 예수의 죽음과 부활 이야기를 요약하여 전하면서도 애써 예수가 "무덤에 묻히셨다"고 언급하는 지점을 의미 있는 것으로 생각합니다.* 이는 바울로가 무덤이 있었음을 알고 거기에 특별한 의미를 부여했다는 것을 암시합니다. 바울로와 같은 인간에 대한 개념을 공유했던 1세기 유대인이라면, 예수의 몸이 실제로 무덤에서 썩어가고 있었는데 바울로처럼 의심 없이 예수가 정말로 살아 있다고 믿을 수는 없었을 것입니다.

빈 무덤 이야기가 지닌 신빙성을 높여 주는 근거는 하나 더 있습니다. 예수의 의미를 놓고 초기 그리스도교 교회와 유대교 공동체가 논쟁했을 때 양측은 무덤이 있었고 그 무덤이 빈 무덤이라는 점에 모두 동의했습니다. 그들은 어떻게 이 이야기가 1세기까지 거슬러 올라갈 수 있는지를(마태 28:13~15 참조)두고 논쟁했으며 무덤이 비어 있던 것이 제자들이 속임수를 써서 시신을 훔쳐 가서인지, 아니면 예수가 정말 부활해서인지의 문제를 가지고 공방을 벌였습니다.** 이후 사도들이 순교할 정도로 변함없이 그리스도를 고백했던 사실에 비추어 볼 때 그들이 속임수를 썼다는 생각은 전혀 신뢰성이 없습니다. 여자들이 실수로 다른 무

---

* 나는 내가 전해 받은 가장 중요한 것을 여러분에게 전해 드렸습니다. 그것은 그리스도께서 성서에 기록된 대로 우리의 죄 때문에 죽으셨다는 것과 무덤에 묻히셨다는 것과 성서에 기록된 대로 사흘 만에 다시 살아나셨다는 것과 그 후 여러 사람에게 나타나셨다는 사실입니다. (1고린 15:3~5)

** 너희가 잠든 사이에 예수의 제자들이 밤중에 와서 시체를 훔쳐 갔다고 말하여라. 이 소문이 총독의 귀에 들어가게 되더라도 우리가 잘 말해서 너희에게는 아무런 해가 없도록 하여주겠다." 하고 말하였다. 경비병들은 돈을 받고 시키는 대로 하였다. 이 이야기는 오늘날까지 유다인들 사이에 널리 퍼져 있다. (마태 28:13~15)

덤을 찾아갔다는 의견 역시 설득력 없기는 마찬가지입니다. 그것이 사실이었다면 권력자들은 예수의 시신이 있는 진짜 무덤을 찾아내어 골칫거리였던 그리스도 운동을 잠재웠을 것입니다.

빈 무덤 이야기가 지닌 진정성을 보여 주는 가장 강력한 논증은 이 사건을 증거한 사람들이 여자들이었다는 점입니다. 고대 세계에서 여성들은 법정에서 신뢰할 만한 증인으로 인정받지 못했고 이 때문에 어떠한 이야기든 그 이야기의 핵심 역할은 당연하게도 남성의 몫이었습니다. 저는 바로 그 자리에 저 여자들이 있었다고 믿습니다. 그들이 실제로 이 깜짝 놀랄만한 사실을 발견했기 때문입니다.

그러므로 우리에게 예수가 정말로 죽음에서 부활했다고 믿을 만한 결정적인 동기는 충분합니다. 물론 이 증거를 검토하는 것은 현실의 본성을 특정하게 전제하고 있는 누군가의 세계관에 직관을 거스르는 이 믿음(이 믿음은 오늘날을 사는 우리만큼이나 1세기에도 예기치 못했던 것이었습니다)이 과연 수용될 수 있느냐에 달려 있습니다. 자연이 언제나 한결같다고 변함없이 믿는 사람들은 복음서 이야기들을 해석하는 유일한 방법으로 전설이라는 범주를 들먹일 것입니다. 그러나 이러한 태도는 성서가 말하고자 하는 바에 이미 마음을 닫아 두는 것입니다. 신약성서 전체는 예수에게 특별한 무엇인가가 있다는 이해를 전제하고 있습니다. 그가 그저 한 사람의 방랑하는 랍비였거나 실패한 예언자였다면 이야기는 틀림없이 그가 죽었다는 사실로 끝났을 것입니다. 그러나 하느님이 정말로 그리스도 안에 특별한 방식으로 임했다면 그를 다룬 이야기가 특별한 요소를 담고 있다고 생각하는 것이 합당할 것입니다. 그리스도교인들에게 부활은 타당합니다. 부활이 세 가지를 변호하기 때문입니다. 첫째로, 부활은 예수를 변호합니다. 즉 부활은 그의 삶이 버림받지 않았고 실패로 끝날 수 없었다는 것을 증명합니다. 두 번째로 부활은 하느님을 변호합니다. 즉, 하느님은 당신의 뜻을 이루기 위해 자신을 온전히 바친 이를 절대 버리시지 않는다고 변호합니다. 마지막으로 부활은, 끝끝내 인류 최후의 말이 죽음과 공허에 있지 않으며 인류는 의미로 가득 찬 질서의 세계에 살고 있지 궁극적으로 의미 없는 혼돈의 세계에 살고 있지 않다는, 인간의 오랜 직관을 변호합니다. 그리스도교인들은 그리스도의 부활을 역사 너머에서 인류를 기다리고 있는 운명이 무엇인지를 역사 안에서 미리 보여 주는 상징이자 약속이라 생각합니다(“아담으로 말미암아 모든 사람이 죽는 것과 마찬가지로 그리스도로 말미암아 모든 사람이 살게 될 것입니다.”(1고린 15:22)).

최초의 그리스도교인들은 유대인들이었습니다만, 그들은 정통 유대교의 안식일과는 달리 한 주의 첫 번째 날을 자신들의 특별한 날로 삼았습니다. 그 날이 주님이 다시 살아나셔서 무덤에서 나온 날이라 믿었기 때문입니다. 저는 이 믿음을 우리가 오늘날까지 그리스도교 신앙의 기초 중 하나로 받아들일 수 있다고 생각합니다.

부활과 관련해 성서는 승천에 관한 이야기 또한 전합니다. 이를 명시한 이는 루가뿐인데 자신이 쓴 기록에서 이를 두 차례 언급합니다. 먼저 루가의 복음서에서는 승천이 부활 당일 일어났다고 진술하며(24:51) 사도행전의 더 길어진 이야기에서는 부활 후 40일이 지나고 나서 일어났다고 전합니다(1:6~11). 이러한 날짜의 차이는 분명 승천과 관련된 기록이 단순한 역사적 사건을 다룬 이야기가 아닌, 매우 상징적인 의미를 담고 있는 이야기임을 암시합니다. 이야기 속에서 구름 때문에 제자들이 예수를 볼 수 없게 되는 장면은 기상 현상이 아니라 성서에서 빈번하게 등장한 것처럼(출애 19:16, 다니 7:13, 마르 9:7) 하느님의 현존을 상징합니다. 그러므로 승천은 예수가 기이한 우주여행을 시작한 것이 아니라 그가 성부에게 돌아갔으며 존귀한 권세를 얻었음을 뜻합니다. (또 다른 상징적 이미지에 따르면) 그는 하느님의 보좌 오른

쪽에 앉아 있습니다. 비록 다른 복음서들은 승천에 관해 언급하지 않지만, 마태오의 복음서에서 책의 마지막에 부활한 그리스도가 "하늘과 땅의 모든 권세"를 받았다고 언급하는 것은 동일한 신학적 진실을 다르게 표현한 것으로 볼 수 있습니다.

“

바울로는 신약성서의 다른 기록자들과 마찬가지로
자신이 체험한 부활한 그리스도를
잘 전달할 수 있는 말을 찾기 위해 고심했습니다

”

8.
바울로 서신

신약성서 중 최초의 기록은 사도 바울로의 서신들입니다. 대부분의 학자는 데살로니카인들에게 보낸 첫째 편지를 바울로 서신 중에서도 최초의 서신으로 여기며 50년경에 기록된 것으로 추정합니다(예수의 십자가 사건은 30년, 혹은 33년이었습니다). 이 편지에서 예수는 이미 "죽은 자들 가운데서 다시 살아나신 하느님의 아들"이라는 고양된 언어로 서술되고 있습니다(1:10). 히브리인들의 사상에서 "하느님의 아들"이라는 말은 그 표현의 대상이 반드시 신적 존재라는 함의가 담겨 있지는 않습니다. 이스라엘의 왕에게도 이러한 표현을 썼기 때문입니다(시편 2:7을 보십시오).* 그러나 예수가 하늘에서 왔다는 생각은 이 절에서 "아들"Son이라는 철자에 대문자를 사용하는 것이 합당함을 분명하게 보여 줍니다. 바울로의 서신들에서 예수를 가리킬 때 가장 많이 사용하는 표현은 "주"Lord이며, 그는 이 호칭을 이백 회 넘게 사용합니다. 주를 뜻하는 헬라어 퀴리오스 *κύριος*가 영어의 'sir'와 같이 일상 대화에서 쓰던 정중한 표현에 불과했다 해도, 바울로의 서신과 같은 신학적인 맥락 안에서 이 표현이 쓰일 때는 그것이 유대교의 관습, 곧 입에 담을 수 없는 하느님의 거룩한 이름 대신 "주"라 말하는 전통과 관련되어 있다는 점을 간과해서는 안 됩니다. 따라서 초기 그리스도교에서 '예수는 주'라는 독특한 고백이 나타난다는 사실은 매우 중요합니다(로마 10:9, 1고린 12:3, 필립 2:11). 바울로가 편지 대부분을 "아버지 하느님과 주 예수 그리스도가 내려 주시는 은총과 평화가 여러분에게 깃들기를" 바란다는 인사말로 시작하는 점도 눈에 띕니다. 자신이 유일신을 믿는 유대인임에도 불구하고 바울로는 비범하게도 하느님과 예수를 같은 범주로 묶습니다. 이러한 식으로 하느님과 모세를 같은 범주로 엮는 유대인은 상상하기 어렵습니다.

---

* 나를 왕으로 세우시며 선포하신 야훼의 칙령을 들어라. "너는 내 아들, 나 오늘 너를 낳았노라." (시편 2:7)

어떤 이들은 본래 그리스도교가 방랑하던 겸손한 한 랍비의 입에서 나온 말들에서 유래했는데 헬라 세계의 영향을 받은 바울로가 이를 왜곡시켜 신적 권능을 지닌 신비 종교처럼 바꾸었다고 생각합니다. 그들은 바울로가 예수를 **주**로 고백하는 표현이 그 대표적인 예라고 믿습니다. 그러나 이러한 과격한 가설을 반박할 수 있는 타당한 학문적 근거들이 있습니다. 예를 들면 고린토인들에게 보낸 첫째 편지 16장 22절에서 바울로는 아람어 마란 아타(μαρὰν ἀθά, 우리 주가 오신다)라는 말을 그대로 전달합니다. 이는 독자들에게 친숙한 말로 자신의 메시지를 전하기 위해서였음이 분명합니다. 이는 분명 아람어를 사용하던 최초의 그리스도교 공동체들도 이미 예수를 **주**로 고백해 왔음을 암시합니다. 예수를 **주**로 고백하는 말은 신약성서에 자주 등장하는, 빼놓을 수 없는 표현입니다. 예수에게 올리는 기도는 초기 그리스도교의 특징이었던 것으로 보입니다. 고린토인들에게 보낸 편지에서 바울로는 "우리 **주** 예수 그리스도의 이름을 부르는 각처에 있는 모든 성도", "예수 그리스도는 우리뿐만 아니라 각처에 있는 모든 성도의 **주님**"(1고린 1:2) 등과 같은 표현을 썼습니다. 또한, 바울로가 "내 몸의 가시"라 불렀던 골치 아픈 상황을 벗어나고자 했을 때도 그는 그리스도의 **주**되심과 그리스도의 권능에 호소했습니다(2고린 12:7~10).*

신약성서 최초로 예수의 성찬례 제정을 언급한, 널리 알려진 구절에서 바울로는 고린토인들에게 말합니다. "내가 여러분에게 전해 준 것은 주님께로부터 받은 것입니다. 곧 주 예수께서 잡히시던 날 밤에 빵을 손에 드시고 …" 그는 계속해서 이해할 수 없는 말들을 인용합니다. "이것은 너희들을 위하여 주는 내 몸이니 나는 … 이것은 내 피로 맺는 새로운 계약의 잔이니" 그리고 명령을 전합니다. "마실 때마다 나를 기억하여 이 예를 행하여라."(1고린 11:23~26) 고린토인들에게 이 말은 요한의 복음서에 있는 "나는 …" 어록만큼이나 놀라운 말이었습니다.

제가 볼 때 바울로는 신약성서의 다른 기록자들과 마찬가지로 자신이 체험한 부활한 그리스도를 잘 전달할 수 있는 말을 찾기 위해 고심했습니다. 또한, 이 과정에서 바울로는 그 자신이 유대교 유일신 신앙을 갖고 있었음에도 불구하고 예수의 인성과 신성을 모두 전달할 수 있는 표현을 찾기 위해 애씁니다. 어느 신

---

* 내가 굉장한 계시를 받았다 해서 잔뜩 교만해질까봐 하느님께서 내 몸에 가시로 찌르는 것 같은 병을 하나 주셨습니다. 그것은 사탄의 하수인으로서 나를 줄곧 괴롭혀 왔습니다. 그래서 나는 교만에 빠지지 않게 되었습니다. 나는 그 고통이 내게서 떠나게 해주시기를 주님께 세 번이나 간청하였습니다. 그러나 주님께서는 "너는 이미 내 은총을 충분히 받았다. 내 권능은 약한 자 안에서 완전히 드러난다." 하고 번번이 말씀하셨습니다. 그래서 나는 그리스도의 권능이 내게 머무르도록 하려고 더없이 기쁜 마음으로 나의 약점을 자랑하려고 합니다. (2고린 12:7~9)

학자는 이러한 바울로의 입장을 '이위일체적 유일신교'라고 말했습니다. 이러한 형용모순의 표현은 그리스도교인들이 해 온 경험이 지닌 복잡한 성격을 함축하고 있습니다. 신약성서에서 예수의 주되심과 이스라엘의 참된 한 분 하느님의 주되심(신명기 6:4)의 관계를 어떻게 이해해야 할 것인가의 문제는 풀리지 않은 채로 남아 있습니다.* 이러한 문제가 생겨난 것은 초기 그리스도교 교회 안에서 예수를 믿은 이들이 예수의 부활을 믿었을 뿐 아니라 그리스도 안에서 새 생명을 얻었기 때문입니다. 바울로는 후자, 곧 그리스도 안에서 얻는 새 생명을 이렇게 언급할 뿐입니다. "누구든지 그리스도를 믿으면 새사람이 됩니다. 낡은 것은 사라지고 새것이 나타났습니다." 이렇게 될 수 있는 이유는 "하느님께서는 인간의 죄를 묻지 않으시고 그리스도를 내세워 인간과 화해하셨"기 때문입니다.(2고린 5:17~19) 바울로의 중심 사상은 "그리스도께서 성서에 기록된 대로 우리의 죄 때문에 죽으셨다"(1고린15:3)는 믿음입니다. 죄 없는 예수와 그가 구원하기 위하여 온 죄인들을 밀접하게 연관 짓는 바울로의 태도는 놀랄 만큼 대담합니다.

* 너, 이스라엘아 들어라. 우리의 하느님은 야훼시다. 야훼 한 분뿐이시다. (신명 6:4)

> 우리를 위해서 하느님께서는 죄를 모르시는 그리스도를 죄있는 분으로 여기셨습니다. 그래서 우리는 그리스도로 말미암아 하느님께로부터 무죄 선언을 받게 되었습니다. (2고린 5:21)

바울로는 갈라디아인들에게 좀 더 노골적으로 이야기합니다.

> 그리스도께서는 우리를 위하여 십자가에 달려
> 저주받은 자가 되셔서 우리를 율법의 저주에서 구원해 내셨습니다.
>
> (갈라 3:13, 로마 8:1~4도 함께 보십시오)

인간이 자신을 위해 스스로 할 수 없는 일이 그리스도 안에서, 그들을 위하여 이루어졌습니다. 믿음을 통해 구원이 값없는 선물로 주어졌으며, 이는 선행을 통해 얻을 필요가 없습니다(로마 3:21~26, 갈라 3:1~14). 바울로 서신의 증언은 예수 안에 인성과 신성이 있음을, 그리고 그가 의로우신 하느님과 죄 많은 인간을 화해(구속)시켰음을 분명히 밝힙니다. 그러나 우리가 살필 수 있는 사실 가운데 어디에도, 곧 바울로 서신이나 다른 신약성서 어디에서도 이러한 일이 어떻게 가능했는지를 알려주는 상세한 신학 이론은 드러나지 않습니다. 이 모든 것은 경험을 통해 나왔으며 이를 이론화하는 작업은 미루어졌습니다. 그리스도의 인성과 신성이라는 두 가지 속성과 관련한 문제를 두고 결국 교회는 451년 칼케돈 공의회에서 양성론doctrine of the two natures("그리스도는 참 하느님이며 참인간")이라는 교리를 선언하기에 이릅니다. 이 교리는 성서가 표현하는 방식의 담론과는 사뭇 다른 철학 언어를 사용하고 있지만 저는 이 교리가 성서의 증언과 일치함을 믿습니다. 속죄에 관해서는 교회가 언제나 그 사실을 증언했음에도 불구하고, 보편적으로 동의될 수 있는 이론으로 공식화하지는 못했습니다.

바울로가 강조한 그리스도의 또 다른 주목할 만한 속성은 그리스도교 공동체가 예수를 한 사람의 인간으로 알고 있었음에도 그리스도와 관계 맺을 때 공동체적 요소를 경험한다는 것입니다. 그는 고린토 사람들에게 말했습니다.

> 여러분은 다 함께 그리스도의 몸을 이루고 있으며
> 한 사람 한 사람은 그 지체가 되어 있습니다.
>
> (1고린 12:12~27, 로마 12:4~8와 에페 4:15~16도 보십시오)

여기서 "몸"은 단지 비유가 아닙니다. 바울로에게 이 말은 영적인 실재입니다. 물론 고대 세계에서 몸은 도시 공동체를 상징하는 은유로 쓰였으며 이는 통상 행해지던 설교에서도 충분히 쓰일 수 있는 표현이었습니다. 그러나 여기서 바울로는 매우 기이하며 우리의 직관을 거스르는 무엇인가를 주장하고 있습니다. 그리스도교인은 한 사람 한 사람이 대체할 수 없는 역할을 감당하여 그리스도의 한 몸을 온전히 지킵니다. 그리스도의 몸은 그들의 **존재**입니다. 바울로에게 그리스도의 몸은 문학적 장치가 아니라 실재였습니다. 바울로 서신에서 빈번하게 나오는 표현인 "그리스도 안에서"는 이와 연관되어 있습니다. 신약성서 다른 부분에서는 이 표현을 찾아보기 힘듭니다.

그리스도 예수 안에서 …
성령의 법이 당신을 죄와 죽음의 법에서
해방하여 주었습니다. (로마 8:2)

그리스도 안에서
모든 사람이 말미암아 모든 사람이 살게 될 것입니다. (1고린 15:22)

여러분 모두가
그리스도 예수 안에서 하나입니다(갈라 3:28)

인간이 그리스도에게 참여한다는 이러한 표현은 예수의 인성을 부정하지 않으면서도 예수가 단순한 인간을 넘어서는 실재임을 암시합니다.

바울로가 히브리 성서를 자원으로 삼아 어떻게 활용했는지를 살펴보는 것은 유익한 일입니다. 바울로 서신 중 가장 체계적인 저작인 로마인들에게 보낸 편지는 특히 이를 살펴볼 수 있는 적절한 본문입니다. 이 서신에서 그는 종종 히브리 성서를 직접 인용합니다. 예를 들면 그는 3장 10절부터 18절까지 여러 시편을 연달아 인용하고 있습니다. 때로는 이보다 대담하게 히브리 성서를 인용할 때도 있습니다. 9장 33절에서 바울로는 걸림돌이라는 소재로 하나의 인용구를 만들기 위해 이사야서에서 따로 떨어져 있는 두 구절을(8:14, 28:16) 주저하지 않고 합칩니다. 무엇보다도 놀라운 점은 그가 이스라엘의 주 하느님과 관련된 구절들을 택해서 이를 주 예수 그리스도에게 적용한다는 것입니다. 10장 13절에서 바울로는 요엘서에 나오는 구절 "주님의 이름을 부르는 사람은 누구든지 구원을 얻을 것입니다"(요엘 2:32)를 인용하는데 예언자 요엘은 분명히 이 말을 이스라엘의 하느님과 연관 지어 언급했음에도 불구하고 바울로는 이 말을 그리스도에게 돌립니다. 더 놀라운 예는 필립비인들에게 보낸 편지(빌립보서)

2장 5~11절에 나오는 '그리스도 찬가'입니다. 이 찬가는 이렇게 끝맺습니다.

> 하늘과 땅 위와 땅 아래에 있는 모든 것이 예수의 이름을 받들어 무릎을 꿇고 모두가 입을 모아 예수 그리스도가 주님이시라 찬미하며 하느님 아버지를 찬양하게 되었습니다. (필립 2:11)

이 구절은 이론의 여지 없이 이사야서 45장 23절에서 하느님을 언급한 구절을 모방한 것입니다.* 더욱 놀랍게도 많은 학자들은 이 바울로의 찬가가 그 이전에 있던 찬가를 다시 사용한 것으로 보고 있으며, 이 찬가의 초기 형태에도 그리스도를 주로 고백하는 내용이 담겨있었다고 생각합니다. 골로사이인들에게 보낸 편지 1장 15~20절에는 학자들이 바울로 이전에 있던 그리스도 찬가를 근거로 했다고 보는 표현들이 있습니다. 여기서도 그리스도를 언급한 표현들이 우리를 놀라게 하는데, 이를테면 이 구절은 그를 "보이지 않는 하느님의 형상"이라 부르며 "만물에 앞서 계시고 만물이 그분으로 말미암아 존속한다"고 주장합니다.

---

* 내가 나의 이름을 걸어 맹세한다. 내 입에서 나가는 말은 틀림이 없다. 내 말은 반드시 그대로 이루어지고야 만다. 그리하여 사람마다 나에게 무릎을 꿇고 모든 민족들이 제 나라말로 나에게 신앙을 고백하리라. (이사 45:23)

10장에서 저는 이 구절을 좀 더 살필 것입니다.

앞서 예로 든 구절들은 신약성서의 다른 곳에 평행본문이 있는 구절들입니다. 이러한 사례들은 초대교회가 히브리 성서를 존중하면서도 히브리 성서의 예언에 나타난 기대와 희망을 예수가 성취했다고 굳게 믿었음을 나타냅니다. 또한, 이를 통해 우리는 초대교회가 성서의 본래 용법과 뜻을 맹종하는 것에서 벗어나 자유롭게 성서를 사용할 수 있다고 생각했다는 사실을 알 수 있습니다. 교회는 이전의 기록들이 말하고자 하는 바와 교회가 그리스도 안에서 새로운 생명을 경험하며 배운 바를 일치시키기 위하여, 이전에 기록된 내용을 기꺼이 변개하였습니다. 편협한 근본주의와 문자주의를 가지고 성서에 다가가도 좋다는 근거는 신약성서에 없습니다.

제가 이 장의 제목을 바울로가 쓴 서신이 아니라 '바울로 서신'the Pauline writings이라 말한 이유는 바울로의 이름이 붙은 모든 책을 확실하게 바울로가 썼다고 할 수 없기 때문입니다. 고대 세계에는 현대적인 의미의 저작 진실성authorial integrity개념이 없었고, 따라서 누군가 자신의 글에 그가 속한 전통의 기원이 되는 저자의 이름을 붙이는 것을 부정한 행위로 여기지 않았습니다. 학자들은 로마인들에게 보낸 편지, 고린토인들에게 보낸 첫째,

둘째 편지, 갈라디아인들에게 보낸 편지, 필립비인들에게 보낸 편지, 데살로니카인들에게 보낸 첫째 편지를 바울로가 직접 쓴 서신으로 보는 데에는 대체로 동의합니다. 그러나 에페소인들에게 보낸 편지(에베소서)와 골로사이인들에게 보낸 편지, 데살로니카인들에게 보낸 둘째 편지(데살로니가후서)의 경우에는 학자마다 견해차가 있습니다. 이 서신들은 문체와 내용 면에서 차이가 있으며, 이러한 차이는 바울로가 직접 썼다고 판명된 서신들과 비교할 때 분명하게 드러납니다. 그러나 이러한 차이는 바울로 사상의 발전, 대상 독자층의 상이함, 혹은 대필자의 다름 등 그 서신들에 영향을 준 모든 가능성에 기인한 것으로 보입니다. 이 자리에서 이 문제를 더 자세히 다루지는 않겠습니다만, 제 견해로는 에페소인들에게 보낸 편지를 바울로가 썼는지에 대해서는 몇 가지 의아한 점이 있으며 데살로니카인들에게 보낸 둘째 편지는 좀 더 의심의 여지가 많습니다. 여기서는 이른바 목회 서신으로 불리는 디모테오에게 보낸 첫째, 둘째 편지(디모데 전,후서)와 디도에게 보낸 편지(디도서)에 관한 또 다른 물음 하나를 소개하겠습니다. 가볍게 읽더라도 이 서신들과 다른 공동체들에게 보낸 서신 사이에는 분명한 차이가 있습니다. 이 서신들의 어조는 단호하며 조직에 관한 문제에 그 관심을 집중합니다. 누군가는 이를 두고 하늘에서 내린 영감이 일상의 정례와 규칙으로 바뀌어 버린 것 같다고 말할지도 모르겠습니다. 이는 그리스도교인 지도자에게 보낸 서신이기 때문에 그들이 책임감을 가지라고 이러한 특징을 갖는 것일까요? 아니면 저 서신들이 교회 역사에서 교회 치리의 문제가 부각된 후대에 쓰였기 때문일까요? 목회 서신 안에도 사적인 언급을 하는 부분이 많이 있다는 것을 알고 나면(1디모1:20, 2디모 4:9~21, 디도 3:12) 물음에 답하기는 더욱 어려워집니다. 오늘날 독자 중에는 목회 서신이 진짜 바울로를 흉내 낸 글이라고 평가하는 사람이 있을지 모르지만 고대 저자들이 과연 그러한 식으로 작업했을지는 의문입니다. 저는 목회 서신의 원작자가 누구냐는 문제에 관해 어떻게 생각해야 할지를 분명하게 알지는 못합니다. 다만 분명한 것은 그 서신들이 정경에서 차지하는 위치, 교회에서 읽는 성서로서 서신들이 지닌 권위는 바울로가 실제 저자이냐 아니냐에 의존하지 않는다는 것입니다.

이 장에서는 성서 자료의 중요한 한 부분과 관련한 문제들에 대해 간략하게 살펴보았습니다. 여기서 다룬 문제는 우리가 생각해 보아야 할 주제와 문제 중 일부에 불과합니다. 그러나 저는 이를 통해서 여러분이 바울로 서신에 담긴 풍성한 통찰들이 음미할 가치가 있음을 충분히 알게 되었기를 바랍니다.

“

히브리인들에게 보낸 편지는 신약성서 중
일반 독자에게 가장 익숙하지 않은 책 중 하나일 것입니다.
그러나 이 책에 담긴 신학적 논의의 깊이와 독창성, 복잡성은
작가가 특별한 신학적인 재능을 갖고 있었음을
확실하게 보여 줍니다.

”

9.

그 밖의 신약성서 저작들

복음서와 바울로 서신 외에도 신약성서에는 10권의 책이 있습니다. 이 짧은 탐사 과정에서 이 책들 하나하나를 검토할 수는 없지만, 주의 깊게 살펴야 할 책이 몇 권 있습니다.

그 중 첫 번째는 사도행전입니다. 사도행전을 여는 첫 번째 절에는 데오필로(데오빌로)라는 사람이 등장합니다. "하느님을 사랑하는 자"라는 뜻을 지닌 이 이름은 실제 인물의 이름이라기보다는 궁금함을 가진 사람의 전형으로 보는 것이 타당합니다. 루가의 복음서(1:3)도 마찬가지로 그를 언급하며 대부분 학자들은 두 책이 동일 인물의 저작이라는 데 입을 모읍니다. 이는 루가가 신약성서 전체 분량의 약 1/4을 책임졌음을 뜻합니다. 그가 자신이 전하는 이야기를 예수 그리스도의 삶과 죽음을 다룬 1막, 오순절 성령의 임재와 이어지는 초대교회의 탄생과 성장을 그린 2막으로 이루어진 드라마로 그려냈다는 점은 특별한 의미가 있습니다. 사도행전이 기록된 시기를 두고는 학자들 사이에 의견이 분분합니다. 일부는 기록 시기를 60년대 초반으로 상정하고, 일부는 80년대로 추정합니다. 이 책은 바울로가 로마에 도착해 사람들을 가르치는 것으로 끝나지만(28:30~1), 이후 그가 받은 재판과 순교는 언급하지 않습니다. 이러한 사실로 미루어 글을 기록할 당시에는 바울로의 순교와 같은 매우 중요한 사건들이 아직 일어나지 않았던 것으로 보이며, 따라서 저는 기록 시기를 60년대로 보고자 합니다.

기록 시기를 설정하는 문제는 사도행전에 담긴 세부적인 이야기를 역사에서 실제 일어난 사건으로 믿을 만한지의 여부와 밀접한 관련이 있습니다. 특히 이 문제는 이 책이 서술하고 있는 사도들의 간증과 설교가 지닌 특징과 연관이 깊습니다. 이 문제를 놓고도 학자들은 상당한 견해차를 보입니다. 분명 기록 시기를 앞당길수록 세부적인 내용은 믿을 만한 것으로 볼 수 있습니다. 저는 사도행전이 전하는 오순절 이야기에 역사적 진실이 담겨 있다고 생각합니다. 베드로는 군중에게 연설하며 이렇게 말합니다.

> 이스라엘의 온 백성은 분명히 알아두시오. 여러분이 십자가에 못박아 죽인 이 예수를 하느님께서는 우리의 주님이 되게 하셨고 그리스도가 되게 하셨습니다. (사도 2:36).

여기서 베드로의 주장은 마치 예수가 십자가 위에서의 죽음을 받아들일 만큼 신앙이 깊었기 때문에 부활을 통해 하느님의 아들이 되었다는 신학 이론인 양자설adoptionism처럼 보입니다. 그러나 그리스도교 공동체는 하느님이 단지 예수의 삶 마지막에 우발적으로 개입하신 것이 아니라 예수의 삶 전체를 통해 특별한 방식으로 일하셨음을 확신했으며, 이내 그들은 양자설이 예수를 설명하기에 충분하지 않다는 사실을 깨달았습니다. 이 때문에 하느님이 당신의 아들을 보내셨다는 더욱 강력한 이론이 생겨났으며, 우리는 그 사례를 바울로 서신에서 발견할 수 있습니다. 사도행전 2장에 나타난 베드로의 양자설을 주장하는 듯한 발언은 이 장이 그 사건이 일어난 지 얼마 되지 않은 초기 자료에서 비롯했다는 것을 보여 줍니다. 성서 외의 사료에서도 발견되는 주요 인물의 호칭을 언급하고 당대 소송 절차를 세부적으로 기술하고 있는 것으로 보아, 분명 루가는 1세기 세계를 정확히 알고 있었습니다. 사도행전은 그 책이 묘사하는 해당 시기와 깊은 관련을 맺고 있으며 이 때문에 저는 이 책이 후대에 상상력을 동원해 쓴 저작이라고는 생각하지 않습니다. 사도행전의 뒷부분에는 '우리-단락'이라 부르는, 일인칭 복수 주어로 된 단락이 몇 개 있습니다(16:10~18, 20:6~17, 21:1~18, 27:1~28:16). 루가가 바울로의 동료였음을 고려해 볼 때(골로 4:14, 필레 1:24, 2디모 4:11를 보십시오) 우리는 루가가 우리-단락에서 '우리'에 해당하는, 그 사건들에 연루된 인물이었다고 가정할 수 있습니다.

사도행전 전반부(1~15장)에서는 베드로가 주인공으로 등장하며 이방인 개종자들이 유대교 관습을 따라야 하는지를 묻고 답하는 데에 관심이 집중됩니다. 이 논쟁은 15장에 등장하는 예루살렘 회의로 끝을 맺는데 이 회의에서 이방인 그리스도인들이 지켜야 할 행동과 관련한 원칙을 단지 네 가지만 제정합니다(15:19~21). 사도행전의 나머지 부분의 주인공은 바울로이며 그의 회심, 세 번의 선교 여행, 그리고 체포 후 로마 황제 카이사르 앞에 출두하기 위해 호송되는 이야기를 전합니다.

신약성서에서 중요한 또 한 권의 책은 히브리인들에게 보낸 편지입니다. 히브리인들에게 보낸 편지는 작자 미상의 책입니다(옛 번역본 중 몇몇에는 이 서신이 바울로의 저작으로 나오지만, 문체와 신학적 입장을 따져보았을 때 이는 분명 사실과 다릅니다). 여기서는 이 책의 저자를 작가라 부르겠습니다(아마도 그는 남성이겠지만, 확실치는 않습니다). '작가'는 현실의 외양과 내면의 궁극적 실재, 그의 표현을 빌리면 이 땅에서의 모세 율법 및 유대교 예배와 하늘에 있는 예수를 극명히 대조하는 데에 순전한 관심을 기울였습니다.

> … 그리스도께서는 이미 일어난 좋은 일을 주관하시는 대제사장으로 오셔서 손으로 만들지 않은 장막, 다시 말하면 이 피조물에 속하지 않은 더 크고 더 완전한 장막을 통과하여 단 한 번에 지성소에 들어가셨습니다. 그는 염소나 송아지의 피로써가 아니라, 자기의 피로써, 우리에게 영원한 구원을 이루셨습니다. (히브 9:11~12)

여기서 "장막"은 오경에 등장하는 것으로, 광야에서 방랑하던 시절에 제사를 드리던 성막을 가리킵니다. 작가는 언제나 예루살렘 성전이 아니라 이 장막을 언급합니다. 예수는 시편 110편 4절에 언급되는 "멜기세덱의 법통을 이은 영원한 사제"(5:10; 6:20~7:3 등)로 여러 번 불리며 이는 성전을 섬기던 레위 지파의 법통을 따르는 사제직과 대비를 이룹니다(7:11~25). 작가는 철저하게 '위로부터의 그리스도론'high Christology을 주장합니다.

> 이 마지막 시대에 와서는 당신의 아들을 시켜 우리에게 말씀하셨습니다. 하느님께서는 당신의 아들을 통해서 온 세상을 창조하셨으며 그 아들에게 만물을 물려주시기로 하셨습니다. 그 아들은 하느님의 영광을 드러내는 찬란한 빛이시요, 하느님의 본질을 그대로 간직하신 분이시며, 그의 능력의 말씀으로 만물을 보존하시는 분이십니다. (히브 1:2~3)

그럼에도 불구하고 작가는 예수를 외양만 인간일 뿐인 영적 존재로 보는 관점과는 거리를 둡니다. 1장의 많은 부분을 작가는 예수가 위장한 천사라는 의견을 반박하는 데 할애합니다. 오히려 그는 예수의 완전한 인성을 분명하게 주장합니다. 작가는 말합니다.

> 하느님께서 … 그들의 구원의 창시자로 하여금 고난을 겪게 해서 완전하게 하신다는 것은 당연한 일이었습니다. … 그분은 친히 유혹을 받으시고 고난을 당하셨기 때문에 유혹을 받는 모든 사람을 도와주실 수 있습니다. (히브 2:10,18)

히브리인들에게 보낸 편지 5장 7~9절은 복음서를 제외하고는 유일하게 게쎄마니를 분명하게 언급하고 있습니다.

히브리인들에게 보낸 편지가 기록된 시기를 두고 학자들은 다양한 견해를 내놓았습니다. 이 책에서 성전 제사가 과도기적 위상을 지녔음을 중요한 주제로 삼고 있다는 점, 이와 관련하여 성전의 파괴에 대한 언급이 전혀 없다는 점을 고려했을 때 저는 이 책이 성전이 파괴된 70년보다 이전에 기록되었다고 확신합니다. 히브리인들에게 보낸 편지는 신약성서 중 일반 독자에게 가장 익숙하지 않은 책 중 하나일 것입니다. 그러나 이 책에 담긴 신학적 논의의 깊이와 독창성, 복잡성은 작가가 요한과 바울로에 견줄 정도로 특별한 신학적인 재능을 갖고 있었음을 확실하게 보여 줍니다.

나머지 책들은 빠르게 훑어보는 것으로도 충분할 것입니다. 야고보의 편지(이 책의 기록자는 사도는 아니었지만 초대 예루살렘 교회에서 매우 영향력 있는 인물이었던 예수의 형제 야고보였을 것입니다)는 유대교적 색채를 강하게 드러내는 책입니다. 이 책은 올바른 행위라는 문제에 깊은 관심을 보이며 "행함이 없는 믿음은 죽은 것"이라는 유명한 선언을 합니다. 이 때문에 마르틴 루터는 야고보의 편지(야고보서)를 '지푸라기 서신'이라 불렀지만 사실 야고보는 참된 믿음이 말뿐 아니라 행위로 드러나야 한다는 것을 강조하고자 한 것입니다.

베드로의 첫째 편지(베드로전서)로 신약성서 중에서도 초기에 쓰인 서신이 분명하지만 세련된 헬라어를 구사하는 것으로 보아 어부였던 사도가 쓴 것이라고 보기는 어렵습니다. 이 책의 주된 목적 중 하나는 박해로 "시련의 불길"(4:12~14) 가운데 있는 공동체를 격려하고 힘을 보태기 위해서입니다. 반면 베드로의 둘째 편지(베드로후서)는 신약성서 중 후기 저작으로 보이며 모든 신약성서 기록 가운데 가장 후기의 것이라 추정됩니다. 이 서신은 "그리스도가 다시 온다는 약속은 어떻게 되었는가? 그 약속을 기다리던 선배들도 죽었고 모든 것이 창조 이래 조금도 달라진 것이 없지 않으냐?"라고 조롱하는 이들을 언급합니다(3:4). 여기서 바울로가 쓴 서신은 이미 수집이 마무리되어 그리스도교 성서로 간주됩니다(3:15~16).*

요한의 첫째 편지(요한일서)는 요한의 복음서와 같은 그리스도교 사상을 가진 학파에서 유래하며 같은 사람이 기록한 것으로 보입니다. 많은 학자들이 이 서신을 요한의 복음서를 쓴 이후에 썼을 것으로 예상합니다. 이 책은 사랑과 빛이라는 두 주제가 일종의 푸가처럼 서로 얽혀서 마지막까지 반복해서 등장하는 구성을 가지고 있습니다.

두 번째 장 '성서의 발전'에서는 묵시록을 언급하면서 하늘나라에서 드리는 예배를 묘사한 구절과 가학적인 형벌을 설명한 구절이 교차하는 독특함에 주목해 짧게 소개한 바 있습니다. 가학적인 형벌을 다루는 구절은 투박하며 유사한 표현이 반복되

* 그리고 우리 주님께서 오래 참으시는 것도 모든 사람에게 구원받을 기회를 주시려는 것이라고 생각하십시오. 이것은 우리의 사랑하는 형제 바울로가 하느님께로부터 지혜를 받아 여러분에게 써 보낸 바와 같습니다. 바울로는 어느 편지에서나 이런 말을 하고 있습니다. 그러나 그 중에는 이해하기 어려운 대목이 더러 있어서 무식하고 마음이 들떠 있는 사람들이 성서의 다른 부분들을 곡해하듯이 그것을 곡해함으로써 스스로 파멸을 불러들이고 있습니다. (2베드 3:15~16)

는 문체를 가지고 있어 일종의 만화영화를 떠올리게 합니다. 요한은 고대 세계에서 흔한 이름이며 파트모스 섬(밧모 섬, 묵시록의 기록자는 이곳에 유배와서 묵시록을 기록한 것으로 알려져 있습니다)의 요한을 현저하게 다른 어조를 가진 제 4복음서(요한의 복음서)의 저자와 동일 인물로 볼 근거는 별로 없습니다. 묵시문학 특유의 격렬한 표현들이 반복해서 나오고 있음에도 불구하고 묵시록에는 부활한 그리스도가 아시아에 있는 일곱 교회에 보내는 편지와 같은 온건한 내용 또한 담겨 있습니다. 이 책은 웅장하고도 감동적인 새 예루살렘의 환상으로 끝맺습니다. 그곳에는 "죽음이 없고 슬픔도 울부짖음도 고통도" 없으며 "이전 것들은 다 사라"졌습니다(21:4). 그곳에서는 "수정같이 빛나는 생명수의 강"이 "하느님과 어린 양과 옥좌로부터" 흘러나옵니다(22:1~2).

"

현대 과학의 이해에 비추어 성서를 읽는다면

우리는 이 안에 있는

새로운 수준의 심오함을 발견할 것입니다.

"

10.

물리학자의 눈으로 읽는 성서

마지막으로 저는 신약성서에 있는 구절 중에서도 특히 심오함을 지닌 세 개의 구절을 살펴보려 합니다. 저는 이 구절들을 단지 신학적 관점에서만 바라보기보다는 과학자의 관점으로, 곧 신학적 이해에 저의 물리학적 이해를 더하여 보다 넓고 총체적인 맥락에서 간략하게나마 탐색하고자 합니다. 여기에서는 성서가 지닌 힘을 활용한 새로운 통찰이 어디까지 이어질 수 있는지를 살피고 성서가 뿌리를 두고 있는 문화적 배경에서는 미처 알지 못했던 문제들 역시 다룰 것입니다.

첫 번째로 다룰 구절은 요한의 복음서 도입부입니다.

> 태초에 말씀이 계셨다. 그 말씀은 하느님과 함께 계셨다. 그 말씀은 하느님이셨다. 그는 태초에 하느님과 함께 계셨다. 모든 것이 그로 말미암아 창조되었으니, 그가 없이 창조된 것은 하나도 없다. 창조된 것은 그에게서 생명을 얻었으니, 그 생명은 사람의 빛이었다. 그 빛이 어둠 속에서 비치니, 어둠이 그 빛을 이기지 못하였다. … 그는 세상에 계셨다. 세상이 그로 말미암아 생겨났는데도, 세상은 그를 알아보지 못하였다. 그가 자기 땅에 오셨으나, 그의 백성은 그를 맞아들이지 않았다. 그러나 그를 맞아들인 사람들, 곧 그 이름을 믿는 사람들에게는, 하느님의 자녀가 되는 특권을 주셨다. 이들은 혈통에서나, 육정에서나, 사람의 뜻에서 나지 아니하고, 하느님에게서 났다. 그 말씀은 육신이 되어 우리 가운데 사셨다. 우리는 그의 영광을 보았다. 그것은 아버지께서 주신, 외아들의 영광이었다. 그는 은혜와 진리가 충만하였다. … 일찍이, 하느님을 본 사람은 아무도 없다. 아버지의 품속에 계신 외아들이신 하느님께서 하느님을 알려주셨다. (요한 1:1~5, 10~14, 18)

저는 여기서 세례 요한과 관련한 특정 역사를 언급한 구절은 제외하고 복음서 기록자가 주로 영원의 관점에서 말하고 있는 본문만을 골랐습니다. 제외된 구절이 중요하지 않다는 이야기는 아닙니다. 그 구절은 매우 중요합니다. 역사적 사건을 언급하는 구절은 도입부의 중심이 되는 '말씀이 육신이 되어 우리 가운데 사셨다'는 선언과 긴밀한 관련을 맺고 있기 때문입니다. 요한은 역사적 사건들에 내포되어 있고 그 사건들을 통해 표현되는 영원한 진리를 말하고자 했습니다. 요한은 도입부에서 영원과 시간이 결합되었음을 말하고자 합니다. 본문에서 '사셨다'는 말은 본래 헬라어로 '천막에 들다'를 뜻하며 여기에서 천막은 이스라엘 민족이 광야에서 생활을 하는 와중에 하느님이 그들과 함께 한다는 약속의 상징인 '성막'을 뜻합니다. 요한에게 성육신한 말씀은 하느님이 인간과 함께 하는 진정한 모습입니다. 도입부에서 우리는 생명, 빛, 어둠이라는 주제를 만나며 이 주제들은 요한의 저작들에서 반복해서 나타납니다.

오늘날 독자에게 요한이 **"말씀"**(헬라어로는 로고스λόγος)이라는 단어를 사용하는 방식은 언뜻 보기에 낯설고 곤혹스러울 수도 있습니다. 요한은 이 단어를 씀으로써 헬라적 사고와 히브리적 사고 모두를 담아내려 했습니다. 스토아학파 같은 헬라 철학자들은 로고스가 세계를 이루는 보편 질서의 원리라 말했습니다. 과학자가 이 말을 들으면 즉각적으로 물리학이 발견한, 우주의 근원을 이루는 심오하고 놀라운 질서를 떠올릴 것입니다. 우주를 탐구함으로써 우리는 물리학의 기본 법칙이 늘 아름다운 수학 공식으로 표현될 수 있다는 사실을 알게 되었습니다. 이 공식들이 지닌 질서와 정밀함은 우리 노력의 결실이며 수학자들 역시 이를 이해하고 동의할 수 있습니다. 물리학 방정식은 아름다운 만큼 놀라울 정도로 간결합니다. 우리가 직접 경험하는 세계를 이루는 물질의 속성을 지배하는 물리 법칙들(전자기학이나 양자역학과 관련된 것들)은 말 그대로 편지 봉투 한 장을 뒤집어 거기에다 적어도 충분할 방정식들으로 표현할 수 있습니다. 이론 물리학이 당면한 과제는 이러한 법칙들과 중력 등 자연의 여러가지 기본 힘Basic Forces을 결합하여 더 넓은 영역과 거대한 질서를 아우르는 대통일이론Grand Unified Theory를 만드는 것입니다. 이 포부는 아직 실현되지 않았습니다만 저를 포함한 대다수 물리학자는 결국 이를 완수하고 성취하는 것이 합리적으로 예상 가능한 희망이라 생각합니다. 그 합리적 명료성과 아름다움에 있어, 물리학이 탐구한 우주는 정신을 드러내는 기호로 가득 찬 세계라 할 수 있습니다. 저와 같은 물리학자가 **말씀**을 통해 우주에 있는 모든 것이 창조되었다고 믿는 것은 이상한 일이 아닙니다.

한편 히브리적 사고에서, **말씀**은 다른 의미를 함축하고 있습니다. 히브리어 다바르דָּבָר는 말씀과 행위 모두를 의미합니다. 이스라엘 민족은 하늘을 지으신 '주님의 **말씀**'에 역동적인 특성이 있다고 생각했습니다. 창세기 1장에서, 하느님은 "…이 있으라"는 명령을 되풀이하면서 **말씀**을 통해 피조물을 창조하십니다. 요한의 복음서를 시작하는 말 "태초에"는 창세기를 시작하는 말을 의도적으로 모사하고 있습니다.

이처럼 요한은 **말씀**이라는 단어를 사용하면서 두 언어의 의미를 모두 담고자 했는데, 여기에서 질서와 역동적 과정을 결합하고자 하는 시도는 자연과학이 우주의 역사를 이해하는 방식과 매우 흡사합니다. 물리적 과정을 지배하는 자연법칙은 단지 이성의 관점에서 아름답기만 할 뿐 아니라 특정한 형태를 가지고 있습니다. 우주 역사의 어느 공간, 혹은 어느 시점에서든 탄소에 기반을 둔 생명체가 궁극적으로 진화하기 위해서는 자연법칙이 매우 특정한 형태를 취해야만 했습니다. 예를 들어, 우리 몸의 모든 탄소 원자는 별 안에 있는 원자로에서 만들어졌습니다. 우리는 말 그대로 우주에 흩날리는 먼지로 이루어진 생명체입니다. 이 사건을 통해 일어나는 과정은 핵물리 법칙이 매우 '섬세하게 조율된' 형태를 취할 때만 가능합니다. 우주에서 최초의 생명체가 나타나는 데에는 100억 년이라는 긴 시간이 필요했지만, 우주는 태초부터 생명이 나타날 가능성을 잉태하고 있었습니다. 우주가 처음부터 가지고 있던 법칙이 마지막에 생명체가 생겨나기 위해 필요한 선결 조건, 곧 특정한 형태를 이미 갖추고 있었기 때문입니다. 우리 중 우주를 하느님의 창조 세계로 보는 이들은 여기서 로고스가 지닌 헬라적 의미에서 **말씀**이 하신 일을 알아차릴 것입니다. 과학은 또한 초기 우주가 지니고 있던 잠재력이 137억 년에 걸친 일련의 진화 과정을 통해 실제로 열매 맺었음을 우리에게 말해 줍니다. 여기서 신자들은 **말씀**의 히브리적 역동성을 알아차릴 것입니다. 그들에게 창조주는 자연의 과정을 펼쳐 냄으로써 당신의 뜻을 드러내는 분이기 때문입니다. 진화 과정에 대해서는 이 장 뒷부분에서 좀 더 다루겠습니다.

아우구스티누스가 회심 후 요한의 복음서 도입부를 읽었을 때 그는 여기에 담긴 많은 개념이 자신이 이교도 철학자였을 때부터 친숙했던 개념임을 알았습니다. 그러나 14절에 있는 "**말씀**이 육신이 되었다"는 구절을 접했을 때 그는 이전까지 알지 못했던 깨달음을 얻습니다. 그에게 하느님의 질서, 그리고 창조의 풍성함이라는 관념은 익숙했지만, **말씀**이 인간 생명의 형태를 취했다는 그리스도교의 성육신 개념은 새롭기 그지없는 것이었습니다. 그리스도교의 핵심은 놀랍고 신비로우며 흥미진진한 확신 위에 놓여 있으며, 저는 이 확신이 진리임을 믿습니다. 이 확신이란 무한하며 보이지 않는 하느님이 가장 분명하며 가장 이해될 수 있는 방식으로, 곧 **말씀**이 인간 예수 그리스도라는 육신을 취함으로써 당신의 본성을 알리셨다는 것입니다. 저는 이에 관해 다른 저작에서 다루었습니다만('더 읽어 볼 책'을 보십시오) 이 책은 이러한 믿음을 변호하는 자리가 아니므로 대신 이와 유사한 놀라운 주장을 하는, 그러나 다소 다른 방식으로 이를 표현한 신약성서의 다른 구절을 살펴보겠습니다. 앞서 저는 골로사이인들에게 보낸 편지 1장에 있는 그리스도 찬가에 관해 짤막하게 언급한 바 있습니다.

> 그리스도는 보이지 않는 하느님의 형상이시요, 모든 피조물보다 먼저 나신 분이십니다. 만물이 그분 안에서 창조되었습니다. 하늘에 있는 것들과 땅에 있는 것들, 보이는 것들과 보이지 않는 것들, 왕권이나 주권이나 권력이나 권세나 할 것 없이, 모든 것이 그분으로 말미암아 창조되었고, 그분을 위하여 창조되었습니다. 그분은 만물보

다 먼저 계시고, 만물은 그분 안에서 존속합니다. 그분은 교회라는 몸의 머리이십니다. 그는 근원이시며, 죽은 사람들 가운데서 제일 먼저 살아나신 분이십니다. 이는 그분이 만물 가운데서 으뜸이 되시기 위함입니다. 하느님께서는 그분의 안에 모든 충만함을 머무르게 하시기를 기뻐하시고, 그분의 십자가의 피로 평화를 이루셔서, 그분으로 말미암아 만물을, 곧 땅에 있는 것들이나 하늘에 있는 것들이나 다, 자기와 기꺼이 화해시켰습니다. (골로 1:15~20)

이 비범한 구절은 예수 그리스도에게 우주적 중요성이 있다고 주장합니다. 이 구절은 아마도 이 서신이 기록되기 30년 전 십자가에 못 박힌 한 사람을 이야기하고 있으며 요한의 복음서 도입부처럼 그리스도가 "보이지 않는 하느님의 형상"으로, 진정으로 신성을 드러냈다고 주장합니다. 이 구절에 등장한 "모든 피조물보다 먼저 나신 분"이라는 표현이 무엇을 뜻하는지를 두고 수많은 논쟁이 벌어졌습니다. 4세기 이단자 아리우스는 그리스도가 완전한 신성에 못 미치는 존재, 곧 하느님과 모든 다른 피조물을 중재하는 존재라는 주장을 뒷받침하기 위해 이 구절을 들었습니다. 그러나 예수가 우리의 구원자이기 위해서는 반드시 (우리와 같이) 참인간이며 동시에 참하느님이어야 한다는 (그리하여 그 안에 하느님의 구원하시는 능력이 예수에게 온전히 담겨 있어야 한다는) 신학적 통찰 때문에 아리우스의 주장은 결국 거부되었습니다. 이 구절은 그리스도로 말미암아 "하늘에 있는 것들과 땅에 있는 것들, 모든 것이 창조"되었다고 이야기하고 있으며, "만물보다 먼저 계시고, 만물은 그분 안에서 존속한다"는 표현은 분명 그를 홀로 어떤 피조물보다 격상시키고 있습니다. 이러한 점으로 볼 때 우리는 "먼저 나신 분"이라는 말이 그리스도가 모든 피조물보다 앞서며 뛰어난 존재임을 표현하는 장치이자 신적 지위를 부여하는 말임을 알 수 있습니다.

이 구절에서 특히 흥미로운 부분은 마지막 절에 나온 말, 그리스도가 만물을 "그분의 십자가의 피로 평화를 이루셔서" 만물과 화해시켰다는 말입니다. '모든 사람'이 아니라, "만물"임을 주목하십시오. 화해는 우주적인 범위에서 선포됩니다. 이 구절은 창조주에게는 모든 창조 세계가 중요하다는 것을 분명히 하고 있습니다. 우주는 그저 인간이 만들어 내는 드라마의 배경이 되기 위해 137억 년 동안이나 계속된 서곡이 아닙니다. 모든 피조물은 각자의 가치가 있으며 자신이 성취해야 마땅할 운명을 지니고 있습니다. 그러나 과학이 할 수 있는 이야기란 이 창조 세계의 모든 것이 죽음과 허무로 끝난다는 것뿐입니다. 우리 인간이 지닌 시간의 척도로는 수십 년, 우주가 지닌 시간의 척도로는 수십, 수백억 년일 뿐, 우주가 계속해 팽창하고 이에 따라 온도가 낮아지고 밀도가 옅어지면 그 결과로 탄소에 기반을 둔 모든 생명체는 사라지고 말 것입니다. 신학은 이 피할 수 없는 궁극적 허무를 말하는 이야기를 진지하게 받아들여야 합니다. 이제 우리가 살필 마지막 구절은 1세기 세계의 관점에서 이 문제를 다루고 있습니다.

> 피조물은 하느님의 자녀들이 나타나기를 간절히 기다리고 있습니다. 피조물이 허무에 굴복했지만, 그것은 자의로 그렇게 한 것이 아니라, 굴복하게 하신 그분이 그렇게 하신 것입니다. 그러나 소망은 남아 있습니다. 그것은 곧 피조물도 썩어짐의 종살이에서 해방되어서, 하느님의 자녀가 누릴 영광된 자유를 얻으리라는 것입니다. 모든 피조물이 이제까지 함께 신음하며, 함께 해산의 고통을 겪고 있다는 것을, 우리는 압니다. 그뿐만 아니라, 첫 열매로서 성령을 받은 우리도, 자녀로 삼아 주실 것을, 곧 우리 몸을 속량하여 주실 것을 고대하면서, 속으로 신음하고 있습니다. (로마 8:19~23)

왜 하느님은 피조물을 허무에 굴복하도록 해야 했습니까? 이 본문에는 현대 과학이 예견한 우주가 궁극적으로 맞이할 허무뿐만 아니라 자연의 진화 과정이 치러야 할 피할 수 없는 대가와도 공명하는 무언가가 있습니다. 피조물에게 일종의 선물로 주어진, '자신을 만들어 가도록' 허락된 방법은(이는 진화하는 창조 세계를 이해하는 신학적 방법입니다) 창조 세계가 타고난 풍부한 잠재력의 결실을 맺게 해주었을 뿐 아니라, 그에 따르는 피할 수 없는 그늘 또한 갖게 했습니다. 진화하는 세계에서 한 세대의 죽음은 새로 태어나는 다음 생명을 위한 불가피한 대가입니다. 유전자 돌연변이는 새로운 형태의 생명을 만들어내 자연 선택을 통해 분별되고 보존되기도 하지만, 때로는 암의 원인이 되기도 합니다. 창조의 과정은 '혼돈의 가장자리', 곧 질서와 무질서가 뒤얽힌 곳에서 일어납니다. 무언가가 그저 엄격한 질서로만 이루어져 있다면 거기에는 융통성이 없어 실로 새로운 무언가를 만들어낼 수 없을 것입니다. 반대로 너무 무계획적이라면 새로이 생겨난 무엇도 지속될 수 없을 것입니다. 새로운 형태를 지닌 생명이 탄생하기 위해서는 어느 정도의 유전자 돌연변이가 있어야 하지만, 돌연변이가 너무 많다면 이 새로운 형태의 생명은 자연 선택의 분별로 인해 종을 이룰 수 없습니다. 이러한 창조 과정은 분명 생명체에게 비범한 풍요로움을 가져다주는 한편 생명체를 벼랑 끝과 막다른 골목으로 몰아세울 것입니다. 이러한 통찰은 하느님이 창조하신 세계에 질병과 재난이 존재하는 문제와 씨름하고 있는 신학에 도움을 줍니다. 질병과 재난은 아무런 쓸모도 없는 것이 아닙니다. 하느님이 조금 더 권한을 활용했거나 혹은 조금 더 냉담했다면 이를 쉽게 없애 버렸을 것입니다. 그러나 이는 피조물들이 자신을 만들어 가도록 허락된 세상에서 선을 이루어 나가기 위해 불가피하게 치러야 할 대가입니다.

진화의 과정이 막대한 대가를 치르고 있다는 것은 창조 세계가 진실로 "이제까지 함께 신음하며, 함께 해산의 고통"을 겪고 있음을 뜻합니다. 그러나 이 본문을 끝맺는 말은 죽음과 허무가 아니라 '하느님'입니다. 이는 그리스도교가 하느님에 거는 희망이자 믿음입니다. 신실하신 하느님은 그 어떤 선한 것도 사라지지 않게 하실 것입니다. 오히려 하느님은 옛 창조 세계가 마침내 그리스도 안에서 새 창조 세계로 변하게 하실 것이며, 모든 피조물에게 죽음 너머까지 합당한 운명을 허락하실 것입니다. 그리스도교인들은 이러한 과정이 예수의 부활이라는 사건에서 이미 씨앗이 심겼고 또 시작되었음을 믿습니다. 우리보다 앞서 바울로는 "피조물도 썩어짐의 종살이에서 해방되어서, 하느님의 자녀가 누릴 영광된 자유를 얻으리라"고 자신의 희망을 담아 약속했습니다. 우주, 그리고 인간의 궁극적인 운명은 자신의 십자가의 피로 모든 것을 구원하는 한 분 안에 달려 있습니다. 로마인들에게 보낸 편지 8장은 신약성서 중에서도 가장 심오한 장 중 하나이며 가장 심원한 희망을 말하는 장이기도 합니다. 현대 과학의 이해에 비추어 이를 읽는다면 우리는 이 안에 있는 새로운 수준의 심오함을 발견할 것입니다.

◇◇◇◇ 더 읽어 볼 책 ◇◇◇◇

우선 저는 성서와 관련해 오늘날 학문적 견해를 종합적이고 균형 있게 조망한 책 두 권을 중요한 참고 서적으로 추천하고자 합니다. 지금까지 성서와의 만남 가운데 제기하고 예로 들었던 문제들, 그러나 철저하게 다루지는 못했던 문제들과 더 진지하게 관계를 맺고자 하는 모든 이들에게 이 두 권의 책은 큰 도움을 줄 것입니다. *The Oxford Companion to the Bible*, ed. B.M. Metzger and M.D.Coogan (Oxford: OUP, 1993)은 백과사전 형식으로 700 항목 이상의 정보를 제공하며, 성서 본문 자체와 성서가 유래한 다양한 문화적 배경뿐만 아니라 이후 역사 속에서 성서를 활용해 온 전개 과정을 다루고 있으며 신학적 · 윤리적 해석과 관련한 현대의 많은 질문에도 답하고 있습니다. *The Oxford Bible Commentary*, ed. J. Barton and J. Muddiman (Oxford: OUP, 2001)는 성서의 각 부문을 소개함과 더불어 성서 각 권을 다룬 주석을 제공합니다. 여기에는 솔로몬의 지혜서, 마카베오서와 같이 외경으로 분류된 책도 포함되어 있는데 이 책들은 로마 가톨릭 성서에는 포함되어 있으나 개신교 성서에는 이 책들이 헬라어로만 기록되었을 뿐, 히브리어 원전이 없다는 이유로 제외되었습니다. 각 권을 나룬 주석에서는 본문 자체를 한 구절씩 논하기에 앞서 기록연대와 저자, 문체와 신학적 관심사를 먼저 다룹니다. 제가 권하는 이 두 권의 책은 어떤 것을 택하든 계속해서 성서를 진지하게 연구하고자 하는 이들에게 큰 도움이 될 것입니다. 제가 쓴 이 얇은 책이 성서라는 식사에서 전채 요리라면 이 책들은 주요리와도 같은 책이라 할 수 있습니다.

좀 더 세부적이고 하나에 집중한 주제를 다루는 책들을 들자면 그 수를 셀 수 없을 정도입니다. 여기서 제공할 수 있는 것은 어느 정도 저의 취향이 반영된, 그러나 유용하며 신뢰할 수 있는 몇 권의 책뿐입니다. 이 목록에는 제가 직접 쓴 책도 몇 권 포함되어 있습니다. 그 이유는 제 책의 중요성을 과대평가하기 때문이 아니라 이 책에서 다룬 논의를 펼쳐나가는 데 좀 더 적합하기 때문입니다.

성서의 일반적인 특성을 살피고자 한다면 바턴John Barton이 쓴 *What is the Bible?* (London: SPCK, 1991)을 권합니다. 저의 주장과 관련한 더 자세한 논의를 보고자 한다면 *Reason and Reality* (London: SPCK, 1991)의 5장과 *Science and the Trinity* (London: SPCK, 2004)의 2장을 살펴보시기 바랍니다.

매키팅McKeating의 *Studying the Old Testament* (London: Epworth, 1979)는 히브리 성서를 구성하는 책들과 관련한 학문적 평가를 이해하기 쉬우면서도 신중하게 설명해 줍니다. 로저슨J. Rogerson과 데이비스P. Davis의 *The Old Testament World* (Cambridge: CUP, 1989)에서도 유사한 문제를 논의하고 있는데 이 책은 특히 성서와 관련한 고대 세계의 문화적 배경에 각별한 관심을 기울입니다. 더불어 이 책은 주제와 밀접한 풍경들을 찍은 양질의 사진도 제공합니다. 타락을 이해하기 위한 시도는 *Reason and Reality* 8장에서 더 자세히 밝혀 놓았습니다. 5장에서 언급한, 이집트 탈출 이야기를 과학적 관점에서 논의한 책은 험프리스C.

Humphreys의 *The Miracles of Exodus* (London: Continuum, 2003)입니다.

버리지R. Burridge는 *Four Gospels, One Jesus?* (London: SPCK, 2004)에서 복음서를 이야기식 접근법으로 흥미롭게 소개합니다.(「복음서와 만나다」(비아)로 역간) 역사적 예수라는 주제를 다루는 수많은 책 중에서는 던J. Dunn의 *A New Perspective on Jesus* (London: SPCK, 2006)와 라이트N.T.Wright의 *Who Was Jesus?* (London: SPCK, 1992)를 추천합니다.(「예수님에 관한 새 관점」(CLC), 「톰 라이트가 묻고 예수가 답하다」(두란노)로 역간) 6장에서 언급한 물C. F. D. Moule의 인용문은 *The Origins of Christology* (Cambridge: CUP, 1977)에서 가져왔습니다. 바울로 서신을 다룬 8장에서 언급한 "이위일체적 유일신교"는 허타도L. Hurtado의 *Lord Jesus Christ* (Grand Rapids: Eerdmans, 2003)에서 인용했습니다.(「주 예수 그리스도」(새물결플러스)로 역간) 이 학문적인 책은 분량이 매우 방대하며 부활 이후의 교회에서 매우 초기부터 예수를 따르는 이들이 그를 예배했다는 논지를 철두철미하게 변호합니다. 방대한 분량을 지닌 학문적인 책을 한 권 더 소개하자면 보컴R. Bauckham의 *Jesus and the Eyewitnesses* (Grand Rapids: Eerdmans, 2006)가 있습니다. (「예수와 그 목격자들」(새물결플러스)로 역간) 이 책은 실제 목격자들이 복음서 이야기가 형성되는 데에 중요한 역할을 했음을 지지합니다.

오콜린스G.O'Collins의 *Jesus Risen* (London: DLT, 1987)과 *Christology* (Oxford: OUP, 1995)는 부활을 다룬 책입니다. *Christology*에서 오콜린스는 신약성서에 기록된 가장 초기 시대부터 4세기와 5세기에 성립된 교회 공의회 시대까지 그리스도교인들이 그리스도의 본성을 어떻게 생각해 왔는지를 조망합니다. *The Resurrection of the Son of God* (London: SPCK, 2003)에서 라이트는 부활과 관련한 모든 문제를 심도 있게 다루고 있습니다.(「하나님의 아들의 부활」(크리스챤 다이제스트)로 역간)

"인자" 논의를 포함하여 예수의 본성과 의미를 다루는 이 중요한 문제를 바라보는 저의 관점은 *Science and Christian Belief* (London: SPCK, 1994)의 5~7장에서 자세히 밝혔으며 기적에 관한 견해는 *Science and Providence* (West Conshohocken, PA: Temple Foundation Press, 2005)의 4장에서 다룬 바 있습니다. 10장 말미에 간략히 언급했던 종말론 문제는 *The God of Hope and the End of the World* (London: SPCK, 2002)에서 더 광범위하게 다루었습니다.

◇◇◇◇ 옮긴이의 말 ◇◇◇◇

흔히 성서는 '고전 중의 고전', '세계 최대의 베스트셀러'라 불립니다. 그러나 독실한 그리스도교인은 물론이고, 고전으로써 성서를 읽고자 하는 이들도 막상 성서를 읽기 시작하면 여러 난관에 부딪히게 됩니다. 성서에 등장하는 어떤 장면은 우리 시대의 과학적 이해와 어긋나는 것처럼 보이며 어느 곳에서는 오늘날 사회적 통념과는 맞지 않는 구시대적인 윤리를 강요하는 것처럼 보이기도 합니다. 그런가 하면 무엇인가 확신에 가득 차 이야기하는데 그 내용이 잘 이해되지 않는 경우도 있습니다. 이 때문에 성서는 고전이자 베스트셀러 평가만큼이나 끊임없는 논란을 낳는 문제작이기도 합니다. 그렇다면 이 성서를 올바로 대하는 방법은 무엇일까요? 오늘날의 시선으로 볼 때 비과학적이거나, 사회 · 윤리적 기준을 충족시키지 못하거나 어긋나는 내용은 배제한 채 필요한 부분만을 일종의 교훈으로 삼아 읽어야 할까요? 아니면 잘 알 수 없고 이해되지 않는다 해도 신앙의 힘으로 극복될 수 있을 것으로 생각하고 무비판적으로 그 내용을 따라야 할까요? 케임브리지 대학에서 오랜 기간 물리학을 가르쳤고 그 공헌을 인정받아 과학자 최고의 영예인 영국 왕립학회 정회원이 되었으며 늦은 나이에 사제가 되어 과학과 종교의 대화에 앞장선 신학자이기도 한 존 폴킹혼은 오랜 숙고를 바탕으로 지적 정직성을 잃지 않으면서도 성서에서 이야기하는 바를 충분히 음미할 수 있는 방법과 성서의 내용, 오늘날에도 변치 않는 그 가치를 이 책에서 제시합니다.

폴킹혼은 성서에 오늘날 과학적 발견에 비추어 오류가 있는 내용이 많다는 것을 부정하지 않습니다. 하지만 성서가 반드시 자연과학으로 설명할 수 있어야 한다거나 과학의 결론에 부합하지 않는다고 성서의 가치를 거부하는 입장에 동의하지도 않습니다. 그는 창세기의 창조 기사는 어떤 유사과학적 이론이 아닌 신학적 이야기로 되새겨야 한다고 강조하며 자연과학과는 다소 어긋나는 이야기를 하고 있을지라도 여전히 인간과 세계, 신에 관한 심오한 진리를 전하고 있다고 말합니다.

그는 성서에 오늘날 사회·윤리적 기준에 비추어 어긋나거나 받아들일 수 없는 내용이 많다는 것 또한 부정하지 않습니다. 여기서 그는 성서가 완전무결한 하느님의 말씀이 느닷없이 이 세계로 들어와 이를 담아낸 책이 아니라 특정 시기, 특정한 사람들을 통해 일어난 사건들을 오랜 과정을 거쳐 담아낸 인간의 책이라는 점을 염두에 둬야 한다고 제안합니다. 성서는 인간 자신에 대한 이해의 폭과 세계에 대한 이해의 폭이 넓어지는 과정을 담고 있으며 이러한 면모는 성서의 가치를 떨어뜨리는 게 아니라 오히려 우리가 성서를 통해 우리 자신을 비추어 보고 생각을 진전시켜 나갈 여지가 있다고 그는 강조합니다.

자신이 사제라는 이유로 폴킹혼은 신앙인들이 성서가 이야기하는 바를 무조건적으로 따라야 한다고 말하지 않습니다. 하지만 그는 성서의 어떤 대목은 성서가 쓰인 당시에도, 그리고 지금도 인간의 직관을 거스르며 이 부분에 관해서는 의혹의 시선은 잠시 접어 둔 채 신뢰로 다가가야 할 필요가 있음을 부정하지 않습니다. 신약성서의 중심이 되는 사건이자 그리스도교 신앙의 핵심사건이기도 한 예수 그리스도의 부활은 그 대표적인 예입니다. 물론 그는 이 책에서 부활의 역사적 사실성을 뒷받침하는 여러 정황을 제시하고 있습니다만, 부활이 근본적으로 직관을 거스르는 믿음을 요청하는 사건임을 그는 강조합니다. 성서는 다양한 층위와 풍성한 의미를 지니고 독자들의 참여를 요청하는 책입니다. 궁극적으로 성서를 읽는다는 것은 지적 균형감을 놓지 않으면서도 "인류 최후의 말이 죽음과 공허에 있지 않으며 인류는 의미로 가득 찬 질서의 세계에 살고 있지 궁극적으로 의미없는 혼돈의 세계에 살고 있지 않다"는 믿음을 받아들이냐 받아들이지 않을 것이냐와 관련되어 있습니다.

오늘날 과학과 종교, 특히 과학과 그리스도교의 관계는 뜨거운 논란거리 중 하나입니다. 어떤 이들은 자신의 신앙과 과학적 발견들을 섣불리 조화시키려 합니다. 많은 경우 이러한 시도는 자신의 종교적 신념을 정당화하기 위해 자신이 몸담고 있는 과학에 대한 지적 정직성을 포기할 뿐 아니라 그 과정에서 성서학이 애써 밝혀온 수많은 결실마저 거부하는 경우가 많습니다. 다른 한편 어떤 이들은 자연과학이 종교를 대체할 수 있다는 '믿음'으로 지금까지 그리스도교가 이 세계에 공헌한 바와 그리스도교에 담긴 소중한 지혜를 통째로 부정하려 합니다. 예민한 독자라면 폴킹혼이 이 책에서 두 흐름 모두를 암묵적으로 비판하고 있으며 현대 성서학의 소중한 결실을 충분히 검토한 뒤 자신의 견해를 내놓고 있다는 사실을 알 수 있을 것입니다. 이 책을 통해 우리는 학문적인 신념을 굳게 밀고 나가되 새로운 것과 만남 앞에 겸손하며 자신의 한계를 인정할 줄 아는 물리학자-사제의 모습을 발견할 수 있습니다.

참고로 이 책에서 지은이는 영어 번역 성서로 신개정표준역NRSV: New Revised Standard Version을 사용했습니다. 저는 이 책을 한국어로 옮기며 한국 그리스도교 형제 교단들이 협력해 번역한 「공동번역개정판」(1999)을 기본으로 사용하되 신개정표준역과 지나치게 차이가 날 경우에는 한국어역본 중 신개정표준역과 가장 유사한 대한성서공회판 「새번역」(2001)을 사용했습니다. 같은 맥락에서 공동번역과 새번역의 책 이름, 인명 및 지명 등이 다른 경우, 단어가 처음 나올 때 두 이름을 병기했음을 밝혀둡니다(예: 로마인에게 보낸 편지(로마서), 바울로(바울)).

2015년 4월 26일

손승우

◇◇◇◇ 성서 약어표 ◇◇◇◇

		공동번역 성서	새번역
구약	오경	창세기 (창세)	창세기 (창)
		출애굽기 (출애)	출애굽기 (출)
		레위기 (레위)	레위기 (레)
		민수기 (민수)	민수기 (민)
		신명기 (신명)	신명기 (신)
	역사서	여호수아 (여호)	여호수아 (수)
		판관기 (판관)	사사기 (삿)
		룻기 (룻기)	룻기 (룻)
		사무엘상 (1사무)	사무엘상 (삼상)
		사무엘하 (2사무)	사무엘하 (삼하)
		열왕기상 (1열왕)	열왕기상 (왕상)
		열왕기하 (2열왕)	열왕기하 (왕하)
		에즈라 (1역대)	에스라 (스)
		느헤미야 (느헤)	느헤미야 (느)
		토비트 (토비)	
		유딧 (유딧)	
		에스델 (에스)	에스더 (더)
		마카베오상 (1마카)	
		마카베오하 (2마카)	
	지혜문학	욥기 (욥기)	욥기 (욥)
		시편 (시편)	시편 (시)
		잠언 (잠언)	잠언 (잠)
		전도서 (전도)	전도서 (전)
		아가 (아가)	아가 (아)
		지혜서 (지혜)	
		집회서 (집회)	
	예언서	이사야 (이사)	이사야 (사)
		예레미야 (예레)	예레미야 (렘)
		애가 (애가)	애가 (애)
		바룩 (바룩)	
		에제키엘 (에제)	에스겔 (겔)
		다니엘 (다니)	다니엘 (단)
		호세아 (호세)	호세아 (호)
		요엘 (요엘)	요엘 (욜)
		아모스 (아모)	아모스 (암)
		오바디야 (오바)	오바댜 (옵)
		요나 (요나)	요나 (욘)
		미가 (미가)	미가 (미)
		나훔 (나훔)	나훔 (나)
		하바꾹 (하바)	하박국 (합)
		스바니야 (스바)	스바냐 (습)
		하깨 (하깨)	학개 (학)
		즈가리야 (즈가)	스가랴 (슥)
		말라기 (말라)	말라기 (말)

		공동번역 성서	새번역
신약	복음서	마태오의 복음서 (마태)	마태복음(마)
		마르코의 복음서 (마르)	마가복음 (막)
		루가의 복음서 (루가)	누가복음 (눅)
		요한의 복음서 (요한)	요한복음 (요)
	사도행전	사도행전 (사도)	사도행전 (행)
	서신	로마인들에게 보낸 편지 (로마)	로마서 (롬)
		고린토인들에게 보낸 첫째 편지 (1고린)	고린도전서 (고전)
		고린토인들에게 보낸 둘째 편지 (2고린)	고린도후서 (고후)
		갈라디아인들에게 보낸 편지 (갈라)	갈라디아서 (갈)
		에페소인들에게 보낸 편지 (에페)	에베소서 (엡)
		필립비인들에게 보낸 편지 (필립)	빌립보서 (빌)
		골로사이인들에게 보낸 편지 (골로)	골로새서 (골)
		데살로니카인들에게 보낸 첫째 편지 (1데살)	데살로니가전서 (살전)
		데살로니카인들에게 보낸 둘째 편지 (2데살)	데살로니가후서 (살후)
		디모테오에게 보낸 첫째 편지 (1디모)	디모데전서 (딤전)
		디모테오에게 보낸 둘째 편지 (2디모)	디모데후서 (딤후)
		디도에게 보낸 편지 (디도)	디도서 (딛)
		필레몬에게 보낸 편지 (필레)	빌레몬서 (몬)
		히브리인들에게 보낸 편지 (히브)	히브리서 (히)
		야고보의 편지 (야고)	야고보서 (약)
		베드로의 첫째 편지 (1베드)	베드로전서 (벧전)
		베드로의 둘째 편지 (2베드)	베드로후서 (벧후)
		요한의 첫째 편지 (1요한)	요한1서 (요일)
		요한의 둘째 편지 (2요한)	요한2서 (요이)
		요한의 셋째 편지 (3요한)	요한3서 (요삼)
		유다의 편지 (유다)	유다서 (유)
	묵시록	요한의 묵시록 (묵시)	요한계시록 (계)

* 로마 가톨릭, 성공회, 정교회에서는 공동번역 성서를(로마 가톨릭의 경우 2005년부터 새번역 '성경'을 쓰고 있다) 개신교에서는 개정개역, 새번역을 쓰고 있는데 개정개역, 새번역의 경우 구약의 토비트, 유딧, 마카베오 상,하, 지혜서, 집회서, 바룩서가 빠져있다. 로마 가톨릭, 성공회, 정교회, 루터교회 등이 이 7권을 '제2경전' 등으로 분류하며 존중하나 대부분 개신교는 이 7권을 '외경'으로 분류한다.

성서와 만나다

— 케임브리지 대학 물리학 교수 존 폴킹혼의 성서 읽기

초판 1쇄 발행 | 2015년 4월 29일
3쇄 발행 | 2019년 8월 30일
지은이 | 존 폴킹혼
옮긴이 | 손승우
발행처 | 비아
발행인 | 이길호
편집인 | 김경문
편집 | 민경찬 · 양지우
제작 | 김진식 · 김진현 · 이난영
재무 | 강상원 · 이남구 · 진제성
마케팅 | 이태훈 · 방현철
표지 그림 | 유지혜
디자인 | 양혜진
출판등록 | 2009년 3월 4일 제322-2009-000050호
주소 | 서울시 강남구 봉은사로 442 75th Avenue 빌딩 7층
주문전화 | 010-9217-4313
팩스 | 02-395-0251
이메일 | innuender@gmail.com
ISBN | 978-89-286-3006-6 03230

• 값은 뒤표지에 있습니다. 잘못된 책은 구입하신 곳에서 바꾸어 드립니다.
• 비아는 (주)타임교육의 단행본 출판 브랜드입니다.